黄勤 林盈盈 陈国治 主编

学龄前孤独症儿童融合教育模式

学龄前孤独症儿童融合教育指导丛书

广西教育出版社 · 南宁

图书在版编目（CIP）数据

学龄前孤独症儿童融合教育模式 / 黄勤，林盈盈，陈国治主编 . -- 南宁：广西教育出版社，2022.4

ISBN 978-7-5435-9114-1

Ⅰ . ①学… Ⅱ . ①黄… ②林… ③陈… Ⅲ . ①孤独症－儿童教育－特殊教育 Ⅳ . ① G766

中国版本图书馆 CIP 数据核字 (2022) 第 043530 号

策　　划：苏　敏　曾令宪　钱艺琴

责任编辑：钱艺琴　吕远梅　　封面设计：李浩丽

责任校对：陆嫄澄　　责任技编：蒋　媛

数字策划：曾令宪　钱艺琴　吕远梅　　技术支持：梁广浩　粟　潇

出 版 人：石立民

出版发行：广西教育出版社

地　　址：广西南宁市鲤湾路 8 号　邮政编码：530022

电　　话：0771-5865797

本社网址：http://www.gxeph.com

电子信箱：gxeph@vip.163.com

印　　刷：广西壮族自治区地质印刷厂

开　　本：787mm × 1092mm　1/16

印　　张：7

字　　数：58 千字

版　　次：2022 年 4 月第 1 版

印　　次：2022 年 4 月第 1 次印刷

书　　号：ISBN 978-7-5435-9114-1

定　　价：29.00 元

总序

孤独症谱系障碍，是一种神经系统广泛性发育障碍，主要表现为语言发育障碍、社会交往障碍、兴趣狭隘和重复刻板行为。孤独症儿童因受疾病本身的影响，在融合教育的道路上困难重重。

近年来，我国关注孤独症儿童融合教育的专业人士越来越多，也有越来越多的机构、幼儿园致力于孤独症儿童的融合教育，这为孤独症儿童提供了更多可以融入主流教育的机会。同时，孤独症儿童融合教育的开展也给相关从业人士带来了专业支持上的挑战。

“学龄前孤独症儿童融合教育指导丛书”（以下简称“丛书”）是给从事孤独症儿童康复的专业人员、开展孤独症儿童融合教育的幼儿园教师以及学龄前孤独症儿童家长提供专业性支持的一套丛书。丛书立足于广西壮族自治区残疾人康复研究中心（以下简称“广西区康”）孤独症儿童康复团队在学龄前孤独症儿童融合教育领域的实践成果，基于 PEO 框架理念，在充分尊重学龄前孤独症儿童个别化差异的前提下，倡导从环境支持和活动设计的角度，给予学龄前孤独症儿童有效的融合支持。丛书共分为5册，分别从完整的学龄前孤独症儿童融合教育模式、面向辅助教师及幼儿园教师的融合教育支持性策略、面向家长的积极支持、面向融合教育机构的课程设置以及学龄前孤独症儿童融合中的常见情绪行为干预这五个方面给读者带来具有实践指导意义的学龄前孤独症儿童融合教育理念和方法。

丛书充分体现出广西区康孤独症儿童康复团队对学龄前孤独症儿童康复教育事业的使命感以及对专业的孜孜不倦的追求与探索，凝聚了编写团队近十年的心血。希望本套丛书的出版，能够为我国学龄前孤独症儿童融合教育事业的发展出一份力。相信在大家的共同努力下，学龄前孤独症儿童融合教育事业一定会蓬勃发展。

主编　陈国治

序言

1994年6月，联合国教科文组织颁布了《萨拉曼卡宣言》，明确提出了“全纳教育（Inclusive Education，又译为‘融合教育’）”的思想。《萨拉曼卡宣言》提出的主要内容是：教育要满足所有儿童的需要，为普通儿童设立的教育机构亦应接收所在地区的各类有特殊教育需要的儿童少年，并为其提供适应其需要的以儿童为中心的教育活动；在一切可能情况下，所有儿童应一起学习，而不论他们有无或有何种困难和差异。[1]随后，在联合国教科文组织召开的多次世界特殊教育会议里，都强调了个别化教育、融合教育。我国于2007年签署，并于2008年正式生效的联合国《残疾人权利公约》(以下简称《公约》)。《公约》的签署和批准，标志着我国将实施融合教育作为一项必须履行的公约义务。从2008年往后的十余年里，我国出台了一系列政策和法规来保障和促进融合教育事业的发展。从2014年至2020年，我国先后出台了两期“特殊教育提升计划”，均把融合教育放在了重要的位置。在政策的支

[1] 朴永馨.特殊教育辞典[M].3版.北京：华夏出版社，2014：50-51.

持下，很多地区陆续开展了特殊需要儿童的融合教育。康复的最终目的在于尊重特殊需要儿童的差异性，让特殊需要儿童最大限度地回归主流社会。融合教育是让特殊需要儿童回归主流教育、平等享受教育权利的重要途径之一。而学龄前阶段的孩子的大脑仍有很强的可塑性，因此，学龄前的融合教育对特殊需要儿童的影响深远。当前，我国融合教育正处于迅速发展的阶段，从政府部门到康复机构和学校都在努力推动我国融合教育的发展。但目前我国的融合教育发展还不够完善，存在着资源整合不足、各区域融合教育发展不平衡、融合教育相关专业技术人员缺乏、对融合教育教师的专业性支持资源不足等问题。

在此背景下，广西壮族自治区残疾人康复研究中心孤独症儿童康复团队将多年的孤独症儿童融合教育实践成果整理编著成“学龄前孤独症儿童融合教育指导丛书”，将团队实践探索出的学龄前孤独症儿童融合教育模式及专业性技术支持策略进行系统整理并出版，为更多有需要的人士提供孤独症儿童融合教育的专业性支持。

广西区康从 2013 年起开展学龄前孤独症儿童融合教育实践和研究。从最开始在康复机构内参照幼儿园一日活动流程开展融合教育，到与广西壮族自治区直属机关第二幼儿园结成特殊需要儿童融合教育合作园，进行康复机构与普通幼儿园之间的双向融合教育。在将近十年的探索实践历程中，广西区康孤独症儿童康复团队收获了丰硕的融合教育实践成果。广西区康学龄前孤独症儿童融合教育模式和支持体系发展日趋成熟，让越来越多的学龄前孤独症儿童从中获益，甚至能够完全融入普通幼儿园的教育环境。

丛书是广西区康孤独症儿童康复团队在多年融合教育实践中总结出来的关于学龄前孤独症儿童融合教育的技术成果。丛书共五册，注重理论结合实际，实操性较强，分别为融合教育教师、家长、融合教育机构等不同对象提供学龄前孤独症儿童融合教育的针对性实用技术与实际案例分析。丛书的内容涵盖学龄前孤独症儿童融合教育开展的模式、融合教育相关机构的管理、针对融合教育辅助教师的实用辅助策略、学龄前孤独症儿童情绪行为问题干预，以及家长如何在融合教育中为学龄前孤独症儿童提供有效的支持等。丛书还将解答一些常见的问题，如康复机构和幼儿园开展的融合教育应从何入手、辅助教师在融合教育中如何才能有效地提供辅助、如何有效应对学龄前孤独症儿童在融合教育中出现的情绪行为问题、家长在融合教育中应扮演怎样的角色等一系列关于开展融合教育的专业性问题。

《学龄前孤独症儿童融合教育模式》是丛书的第一册。本书主要介绍以 PDCA 为框架的学龄前孤独症儿童融合教育的模式，为孤独症儿童康复技术人员和从事学龄前孤独症儿童融合教育的幼儿园教师提供学龄前孤独症儿童从计划融合到真正实施融合教育的整个流程的指导。书中还详细介绍了学龄前孤独症儿童融合教育的评估、个别化融合教育计划的制订以及实施策略。通过图文结合、案例说明的方式，生动地将广西区康孤独症儿童康复团队在学龄前孤独症儿童融合教育领域中的实践成果分享给更多的学龄前孤独症儿童及其家庭、从事孤独症儿童融合教育的康复技术人员、幼儿园教师及相关机构等，希望他们能从中受益。

融合教育事业的发展是一个漫长而又充满挑战的历程，而专业的技术是应对挑战的有力武器。希望这套丛书的出版，能够为从事融合教育事业的同人们提供专业支持。相信我国学龄前孤独症儿童融合教育的明天会越来越美好。

主编　黄勤

2022 年 1 月

目录

第一章

学龄前孤独症儿童融合教育模式介绍

学龄前孤独症儿童的幼儿园融合教育，即学龄前（3～6岁）孤独症儿童进入普通幼儿园，与普通儿童一起在幼儿园环境中，共同参与幼儿园一日流程活动的教育形式，是学龄前孤独症儿童融合教育的组成部分。在早期的幼儿园融合教育中运用综合干预策略，把学龄前孤独症儿童看成是健全的人，而不是需要特殊对待的有缺陷个体，给他们提供和构建辅助支持，支持发展学龄前孤独症儿童的情绪调节与管理能力、综合技能与社会生活能力，使学龄前孤独症儿童在情绪表达、社会行为、注意跟随和交流合作等方面得到积极的提升，提高他们进入小学的可能性，同时促进普通儿童社会情感和交往能力的发展。学龄前孤独症儿童的幼儿园融合教育强调的是有效掌握学龄前孤独症儿童的特殊需求，依照个别差异，及早施行适当的教育服务，并提供和构建完善的辅助支持。

学龄前孤独症儿童的幼儿园融合教育的开展与实践效果，需要通过效果评价来体现。2009年美国特殊儿童协会幼儿教育分会（Division for Early Childhood，简称DEC）和全美幼儿教育协会（National Association for the Education of Young Children，简称NAEYC）两个权威机构发表联合声明，指出高质量的学前融合教育应该满足“可接近性”“支持性”和“参与度”三大基本特征，不仅确立了国际学龄前融合教育的评价标准，同时也为指导国内学龄前融合教育的发展提供了基本准则：一是确保特殊儿童自由使用教学环境，包括环境中的各种设施和活动，而非因其特殊性而处处受限，即可接近性；二是建构从教师到家长的完整支持体系以确保不同教育主体间的高效合作，而非教育主体间的责任模糊，即支持性；三是提供个别化的指导以确保特殊儿童有意义地参与游戏和活动，而非游离状态，即参与度。

参考“国际学前融合教育评价标准”，融合教育工作者可以运用 PDCA 模式来开展学龄前孤独症儿童的康复和融合教育，构建完善的融合教育支持体系，支持学龄前孤独症儿童在普通幼儿园里有意义地参与幼儿园活动。

第一节
学龄前孤独症儿童融合教育

“融合教育”是 1994 年联合国教科文组织通过《萨拉曼卡宣言》和《特殊需要教育行动纲领》首次提出的。2005 年，联合国教科文组织发布了《融合教育指南——确保全民教育的道路》，提出："融合教育是通过增加学习文化和社区参与，减少教育系统内外的排斥，应对所有学习者多样化的需求，并对其做出反应的过程。以覆盖所有适龄儿童为共识，以普通教育体制负责教育所有儿童为信念，融合教育涉及教育的内容、途径、结构和教育策略的变革及调整。"

随着融合教育理论与实践的发展，我国教育部、发展改革委、民政部、财政部、人力资源社会保障部、卫生计生委和中国残联共同制定了《特殊教育提升计划（2014—2016 年）》，指出总体目标是："全面推进全纳教育，使每一个残疾孩子都能接受合适的教育。经过三年努力，初步建立布局合理、学段衔接、普职融通、医教结合的特殊教育体系，办学条件和教育质量进一步提升……"在"主要措施"中明确指出要"支持普通幼儿园创造条件接收残疾儿童"。这推动着我国融合教育的不断发展。

以综合技能缺乏、社交沟通障碍和重复刻板行为为核心障碍的 3 ～ 6 岁的孤独症儿童的融合教育，是融合教育的重要组成部分。广义的学龄前孤独症儿童融合教育指的是包括所有学龄前孤独症儿童在内的幼儿都接受正常教育，维护与支持他们的教育需要，整合幼儿园与相关机构、家庭、社区、政府以及社会的多方资源而形成的教育教学与支持服务系统。狭义的学龄前孤独症儿童融合教育是指把 3 ～ 6 岁的孤独症儿童与普通幼儿安置在统一的教育环境中，两者共同参与幼儿园的一日流程活动，并提供多方面的支持和辅助，以满足学龄前孤独症儿童的个别化需求的教育形式。本书所关注的是狭义的学龄前孤独症儿童融合教育，即学龄前孤独症儿童的幼儿园融合教育。

第二节
学龄前孤独症儿童融合教育中的 PDCA 模式

一、什么是 PDCA 模式

PDCA 的雏形最早由休哈特（W.A.Shewhart）提出，后由戴明（William Edwards Deming）完善，形成 PDCA 循环，即戴明循环。该管理模式在教育服务领域有较好的实践应用。

PDCA 模式由四个循环步骤组成，分别是计划（PLAN）、实施（DO）、检测（CHECK）、再行动（ACT）。具体流程如图 1-2-1 所示。

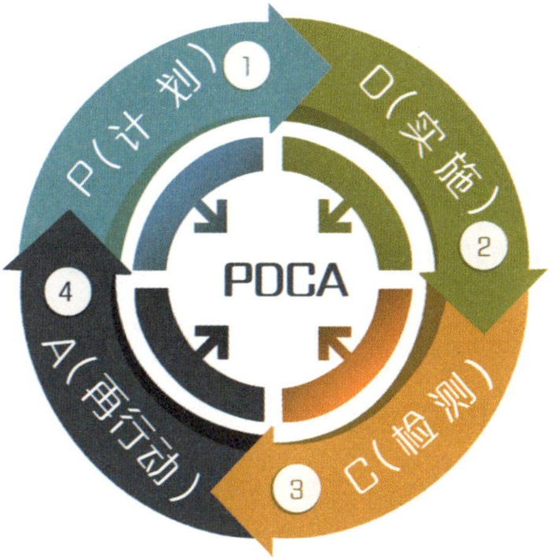

图 1-2-1　PDCA 模式

二、运用 PDCA 模式开展学龄前孤独症儿童融合教育

融合教育，尤其是学龄前孤独症儿童的融合教育，在国内乃至国际范围仍属于新兴事业。随着特殊需要儿童的康复教育不断得到重视与发展，早期综合干预、全人教育与社会融合等融合理论在康复事业中不断发展，学龄前融合教育逐渐向更多的特殊需要儿童开放，国家也针对学龄前融合教育出台了相关的政策和法规。

为了呼吁更多的人转变观念，关注与接纳孤独症儿童，保障孤独症儿童受教育的权利，越来越多的孤独症儿童康复教育从业者，如部分高校、孤独症儿童康复干预机构、融合幼儿园以及一些普通幼儿园的从业者，不断地以多种形式开展学龄前孤独症儿童的融合教育，积极推动学龄前孤独症儿童融合教育的发展。

对于从事学龄前孤独症儿童的康复教育或教学研究的机构而言，帮助学龄前孤独症儿童融入普通幼儿园，是康复的目标和方向，而幼儿园的融合教育是最有效的方式之一。

学龄前孤独症儿童的融合教育发展模式并没有一个国家提供标准的蓝本，其发展现状呈现百花齐放的现象。在此基础上，从事学龄前孤独症儿童早期康复的相关人员，运用 PDCA 模式，通过“P（计划）—D（实施）—C（检测）—A（再行动）”四个步骤来开展学龄前孤独症儿童融合教育，可以提升学龄前孤独症儿童融入普通幼儿园的综合能力，同时能帮助学龄前孤独症儿童融合教育的有效开展及经验积累。

具体来说，运用 PDCA 模式开展学龄前孤独症儿童融合教育的主要目标是针对学龄前孤独症儿童的融合需求，帮助康复机构和普通幼儿园有计划地开展融合教育评估、制订个别化融合教育计划和开展课程教学；通过多种支持策略的综合运用，结合普通幼儿园的一日活动流程，开展与实施学龄前孤独症儿童的融合教育计划；运用反馈系统，对计划与实施情况进行反馈，结合反馈的信息进行策略调整，再运用到学龄前孤独症儿童的融合教育活动的各个环节中，促进学龄前孤独症儿童的综合技能发展，以此协助学龄前孤独症儿童保持恰当的情绪状态，逐步在融合教育支持环境中发展自发的社交沟通和执行能力，并让他们与普通幼儿、教师建立互动和谐的关系，以应对日常活动中的挑战与社交上的需求，帮助他们学习新知识、新技能并应用于日常生活中，提高他们的社会适应能力。

第三节 PDCA 模式在学龄前孤独症儿童融合教育开展中的四个步骤

步骤一：P（计划）

PDCA 模式应用到学龄前孤独症儿童融合教育中的第一个步骤是“P（计划）”。首先应在充分了解国内外特殊儿童与孤独症儿童融合教育的发展现状、国内融合教育的政策支持体系的基础上，从自身所在单位的性质和行业经验出发，明确学龄前孤独症儿童融合教育的意义和方向，做出学龄前孤独症儿童可实施的融合教育评估与个别化融合教育计划。

融合教育评估是学龄前孤独症儿童融合教育开展的前提和基础，结合学龄前孤独症儿童的日常活动，运用发育发展评估和生态化评估对学龄前孤独症儿童开展评估，全方位了解学龄前孤独症儿童实际发展水平与融合教育需求，为学龄前孤独症儿童制订个别化融合教育计划提供参考依据。

为了让融合教育评估顺利开展，融合教育计划更清晰、更具可测量性，5W2H 分析法是一个值得推荐的工具。5W2H 分析法（如图 1-3-1 所示）又叫“七何分析法”，通过 5 个“W”（即 Why，What，Where，When，Who）和 2 个“H”（How，How much）的问题内容，帮助梳理学龄前孤独症儿童融合教育评估与融合教育计划的问题和内容，发现解决问题的线索，寻找思路（即进行构思），这会更有利于学龄前孤独症儿童融合教育评估的开展。

运用 5W2H 分析法对学龄前孤独症儿童进行孤独症融合教育评估，如表 1-1 所示。

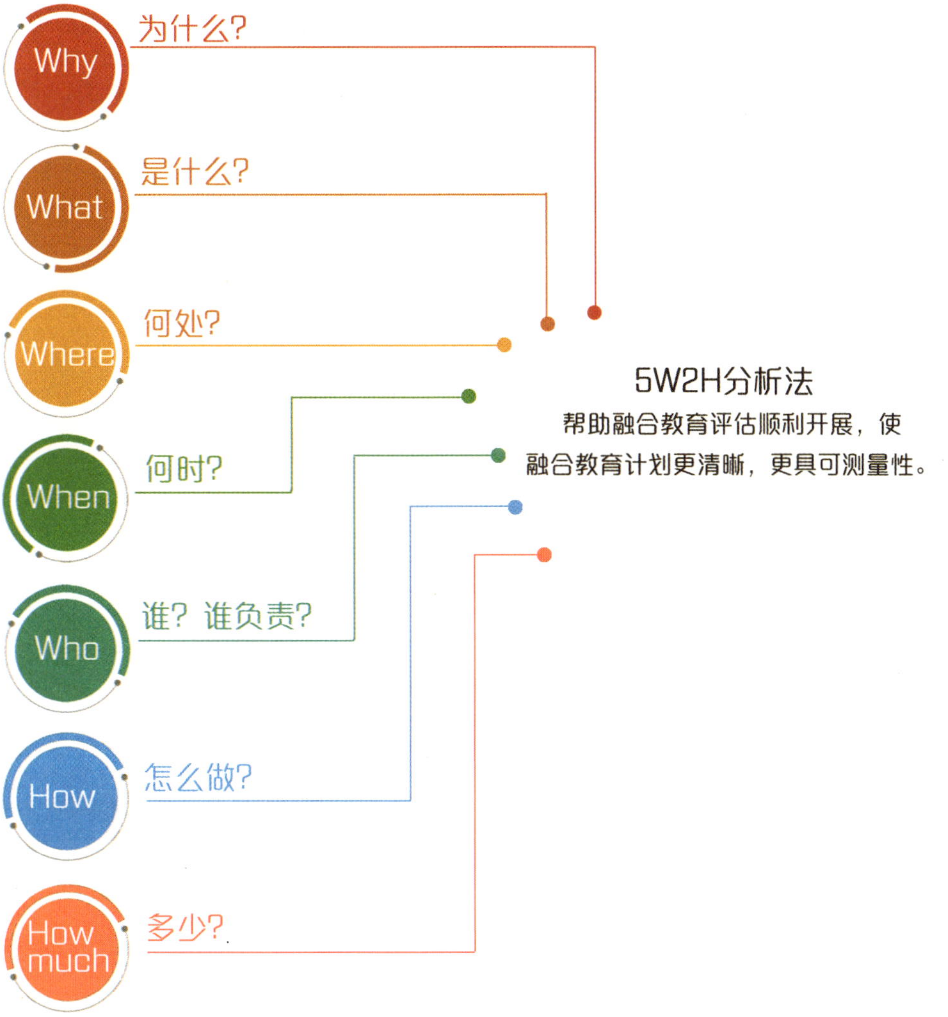

图 1-3-1　5W2H 分析法

表 1-1　5W2H 分析法在融合教育评估和融合教育计划中的运用

5W2H 分析法	融合教育评估
Why（为什么？ 为什么要这样做？ 理由何在？ 原因是什么？）	目的和理由：一是全方位了解学龄前孤独症儿童的发育发展水平，以及需要支持的因素和程度，为学龄前孤独症儿童制订个别化融合教育计划提供参考依据；二是动态观察孩子在幼儿园融合教育的一日流程活动中的表现，了解影响孩子活动表现的困难，及时反馈和调整个别化融合教育计划；三是对孩子的幼儿园融合教育的目标完成程度、效果和质量进行评价等。
What（是什么？ 目的是什么？ 做什么工作？）	学龄前孤独症儿童幼儿园融合教育评估工具主要是发育发展评估和生态化评估。发育发展评估主要有 Gesell 发育诊断量表、韦氏智力量表、心理教育量表、语言行为里程碑评估及安置程序等。生态化评估主要包括 PEO 评估、卡罗来纳特殊教育评估、学龄前孤独症融合适应性观察评估等。
Where（何处？ 在哪里做？ 从哪里入手？）	发育发展评估主要在具有评估资质的医院、康复机构、融合教育资源中心或幼儿园的资源教室中完成。 生态化评估主要结合幼儿的活动，在幼儿园环境的各个活动环节中开展。
When（何时？ 什么时间完成？ 什么时机最适宜？）	发育发展评估一般在学龄前孤独症儿童入园前完成，或孩子入园后尽快（一般两周内）完成，最适宜的时机是孩子健康状况良好、情绪稳定的时候。 生态化评估主要是根据个别化融合教育计划目标与执行过程来开展，根据执行的进度和需要，在幼儿园的环境中，结合孩子的活动过程适时完成。
Who（谁？ 谁负责？ 由谁来承担？ 谁来完成？）	发育发展评估主要由具有评估资质的评估员来完成。 生态化评估主要由幼儿园辅助教师或教师来完成。

续表

5W2H 分析法	融合教育评估
How（怎么做？如何提高效率？如何实施？方法怎样？）	运用 PDCA 模式中的检测（C）环节，运用评估工具（包括发育发展评估、生态化评估）和教师阶段性评价，综合开展过程中的有益经验和存在问题，通过调整计划（P）和实施（D）方案来提高质量和效果。
How much（多少？做到什么程度？数量如何？质量水平如何？费用产出如何？）	融合教育评估的质量如何？评估过程是否尽可能接近孩子的最大表现能力？ 评估教育运用哪些工具？数量是多少？一个学期需要评估多少次？费用是多少？了解这些情况，以便和家长进行积极的沟通。

运用 5W2H 分析法对学龄前孤独症儿童融合教育计划评估，进行逐项思考、分析，可以帮助我们在 PDCA 模式中“P（计划）”的环节，有效地针对“问题”，形成解决方案及计划方案，帮助我们做好融合教育的计划和把握各个实施过程的细节，使计划更贴合孩子的融合教育需求。

制订个别化融合教育计划，需要根据评估收集的信息及线索，综合分析评估数据，立足学龄前孤独症儿童所参与融合教育的日常活动，结合评估结果信息中的能力发展，充分考虑学龄前孤独症儿童在当前发展阶段需要的关键性能力，同时重视环境因素的改变，以及融合辅助系统的支持，制订学龄前孤独症儿童的能力发展目标，以提高学龄前孤独症儿童在融合教育中的活动表现能力。

制定目标以PEO（Person，Environment，Occupation）康复理论框架为指导，目标设置应该符合SMART原则，即从“具体的（Specific）、可衡量的（Measurable）、可达到的（Attainable）、与活动相关的（Relevant）、有时限的（Time-bound）”五个维度设置个别化融合教育计划。如图1-3-2所示。

图1-3-2 SMART原则

步骤二：D（实施）

第二个步骤“D（实施）”是将“P（计划）”实施开展。根据学龄前孤独症儿童融合教育评估与个别化融合教育计划，做好团队成员的职责分工，明确职责内容，通过讨论和培训达成共识，保障融合教育计划有效、有序地开展。

首先是融合教育评估实施。由团队中符合评估资质的技术人员组成融合评估工作团队或评估小组，负责开展融合教育评估的实施工作，明确每一名小组成员的职责内容和工作要求。通过培训，保持小组成员在评估操作中的一致性，这项工作是非常重要的，主要目的是让评估小组的所有成员从 5W2H 这 7 个方面充分了解融合评估的工作内容及操作流程。其次是根据融合教育评估计划，选择符合学龄前孤独症儿童需求的评估工具，在儿童入园的初期与末期，开展评估（包括发育发展评估和生态化评估）工作。

个别化融合教育计划实施包括个别化融合教育计划的制订与实施两个部分。

学龄前孤独症儿童入园前，根据发育发展评估的结果分析和信息参考，立足于学龄前孤独症儿童的实际能力、优势，从学龄前孤独症儿童即将进入普通幼儿园、参与普通儿童的一日流程活动的需要出发，重点从社交沟通、情绪调节、计划与决定能力、社会生活适应能力等方面进行个别化教育目标的设置。

制订个别化融合教育计划后，教师把个别化融合教育计划融入学龄前孤独症儿童在幼儿园的一日流程中，充分利用幼儿园的资源，形成辅助支持系统，给予学龄前孤独症儿童适当的支持，促进融合教育目标的实施。在课程设计和教学策略上，结合目标，针对学龄前孤独症儿童在融合发展中的核心困难进行教学，比如促进其社交沟通和情绪调节；基于儿童发展理论和教学经验实证，着重在活动环境中进行教学，并以儿童及其家庭为中心，结合儿童现阶段的发展水平和学习上的强项和弱点，配合长期目标进行教学设计，通过情景教学、同伴教学、教学调整等策略，帮助学龄前孤独症儿童发展幼儿园一日流程所需的关键性能力，如自我调节能力、计划与决定能力。在课程开展的形式上，可以分小组进行康复教学，积极运用环境与互动的支持，帮助学龄前孤独症儿童进行融合。

步骤三：C（检测）

第三个步骤“C（检测）”是指根据计划的实施，运用合理的进度检测和成效评价的方法、工具对计划实施过程进行定期、定量的考察，包括学龄前孤独症儿童融合教育的实施效果检测、目标调整、计划实施进度的反馈、教师或技术人员的个别化反馈，及时发现存在的问题并总结成果经验。

当学龄前孤独症儿童进入普通幼儿园班级后，由班级教师、辅助教师运用生态化评估完成跟踪的动态评估，阶段性地进行研讨，对学龄前孤独症儿童在融合过程中个别化融合教育目标的实施情况、目标达成情况、有益经验和困难进行反馈，动态调整个别化融合教育计划、教学策略及开展形式，完善辅助支持系统，通过反馈后的再行动促进学龄前孤独症儿童的有效融合。

步骤四：A（再行动）

“A（再行动）”是指在检测环节的基础上，经过反馈调整后的个别化融合教育计划、教学策略、开展形式以及辅助支持系统，结合班级教师与辅助教师等有关人员的表现情况，进一步做出合理的要求。例如，对学龄前孤独症儿童融合教育的成功经验给予肯定并进行推广，对检测环节发现的问题进行及时、有效的处理，相关人员的表现没达到标准的，有必要制订提高和调整的计划。

总的来说，学龄前孤独症儿童融合教育包括评估、个别化融合教育计划制订、融合实施、评价（或反馈）这几个方面内容。将PDCA模式应用到学龄前孤独症儿童融合教育中，通过评估、制订个别化融合教育计划，并根据个别化融合教育计划，做好团队成员的职责分工，明确职责内容，保障计划的实施与开展，确保阶段性总结检测实施的进度和质量，及时反馈调整计划和实施，对学龄前孤独症儿童融合教育的开展有着直接的指导意义，可以更科学地推动融合教育工作的开展，也有利于通过不断反馈来发现问题、解决问题，获得更多的有益经验。

第二章

学龄前孤独症儿童融合教育评估

评估是学龄前孤独症儿童融合模式中的“P（计划）”的重要组成部分，是全方位了解学龄前孤独症儿童实际发展水平与融合教育需求的有效途径，是为学龄前孤独症儿童制订个别化融合教育计划的重要依据。

第一节
学龄前孤独症儿童融合教育评估的重要性

融合教育不仅仅是把学龄前孤独症儿童放到普通教育环境中，而且是通过在普通教育环境中为学龄前孤独症儿童提供有效的支持，让他们得以在普通教育环境中享受到平等的教育资源。

孤独症儿童与普通儿童相比，其身心发展存在特殊性和差异性。只有在全面了解孤独症儿童的身心发展水平的基础上，才能够在融合教育的过程中给予孤独症儿童有效的支持，从而促进孤独症儿童的身心发展。评估有助于全方位了解学龄前孤独症儿童的实际发展水平与融合教育需求。

学龄前孤独症儿童融合教育评估的目的在于为该儿童制订个别化融合教育计划，进而围绕个别化融合教育计划为儿童选定融合教育支持的形式、内容以及教学调整策略。这些内容决定了学龄前孤独症儿童融合教育评估的非单一性。学龄前孤独症儿童融合教育评估包括发育发展评估和生态化评估。

发育发展评估是运用相关儿童发育发展量表来对孤独症儿童进行各个领域实际发展年龄的测量，是为了了解该儿童当前的身心实际发展水平，换句话说，就是为了了解该儿童当前所具备的能力。

生态化评估注重的是儿童与环境之间的关系。学龄前孤独症儿童融合教育关注的是孤独症儿童在融合教育环境中的学习和表现。因此，要做好学龄前孤独症儿童融合教育，儿童与融合环境之间的互动关系就不可忽视。

值得一提的是，学龄前孤独症儿童融合教育评估应从优势视角来评估，即融合教育评估更侧重的是发现儿童已有的能力和优势，从儿童已有的能力和优势寻找下一阶段的教育目标以及有利于儿童学习的融合教育模式和支持途径，如图 2-1-1 所示。

优势视角　　　　非优势视角

图 2-1-1　优势视角与非优势视角下的评估

第二节 学龄前孤独症儿童发育发展评估

学龄前孤独症儿童发育发展评估指的是运用发育发展量表对学龄前孤独症儿童当前各个领域的实际发展水平进行测量。发育发展评估能够帮助我们全面了解学龄前孤独症儿童当前已经具备的能力，进而分析出学龄前孤独症儿童当前的学习优势与最近发展区，为制订个别化融合教育计划和融合教育实施策略提供依据。

常用的发育发展评估方法主要有：Gesell 发育诊断量表，韦氏智力量表，心理教育量表，语言行为里程碑评估及安置程序，卡罗来纳特殊教育评估。

一、Gesell 发育诊断量表

Gesell 发育诊断量表（Gesell Developmental Schedule，GDS），是由美国耶鲁大学的阿诺德·格赛尔及其耶鲁儿童研究中心团队编制的。该量表主要用于评估诊断 0 ～ 6 岁儿童心理发育水平，也用于评定 0 ～ 6 岁儿童智力残疾。

Gesell 发育诊断量表把 0 ～ 6 岁的儿童发育分为 13 个关键年龄和 5 个发育内容能区。它能够相对全面地反映出儿童的实际发育情况。但由于 Gesell 发育诊断量表具有很强的专业性，它对评估测试人员的要求也比较高。评估测试人员必须经过严格、专业的训练，才能够进行测评操作。

二、韦氏智力量表

韦氏智力量表（Wechsler Intelligence Scale），由美国心理学家大

卫·韦克斯勒（David Wechsler）编制，包括韦氏学龄前儿童智力量表（WPPSI，适用于 4 ～ 6 岁）、韦氏儿童智力量表（WISC，适用于 6 ～ 16 岁）、韦氏成人智力量表（WAIS，适用于 16 岁以上）。

韦氏智力测验分为言语和操作两个部分，其测量结果能够说明儿童的总体认知能力，还能说明儿童在 4 个不同领域的认知能力：言语理解、知觉推理、工作记忆、加工速度。

韦氏智力测验是标准化的诊断性测验，必须由专业人员进行测评操作。

三、心理教育量表

心理教育量表（Psycho-educational Profile，简称 PEP 量表）是由美国北卡罗来纳大学的舒普勒（Schopler）等人编制的，是专为孤独症及相关发育障碍儿童设计的评估量表。通过 PEP 量表评估，可以说明儿童的发展功能和病理行为。

PEP 量表不仅能够说明儿童发育发展水平，还能够提供儿童障碍行为严重程度的信息，并且能为康复医生及教师提供制订个别化融合教育计划的有效依据，所以被广泛使用。

四、语言行为里程碑评估及安置程序

语言行为里程碑评估及安置程序（Verbal Behavior Milestones Assessment and Placement Program，简称 VB-MAPP）由美国的桑德伯格（Mark L.Sundberg）编制，是针对所有语言发育迟缓儿童的以行为为基础的语言评估程序。

VB-MAPP 包括对儿童学习和语言的里程碑评估、障碍评估、转衔评估等内容。VB-MAPP 不仅能够说明儿童当前的语言及社会能力发展水平，还能够说明儿童在学习中的主要障碍和是否已经具备转衔的学习技能。《VB-MAPP 语言行为里程碑评估及安置程序：全 2 册》一书为康复技术人员提供了任务分析和技能追踪，以及个别化教育的建议目标和相关的安置建议，为制订个别化教育计划提供了科学依据。

五、卡罗来纳特殊教育评估

第一版《卡罗来纳特殊教育课程：学龄前儿童》是由美国联邦政府资助的“示范项目”成果，旨在通过提供咨询服务、丰富筛查和干预资料，促进有特殊需要的学龄前儿童与典型发育的儿童在社区儿童看护中心的融合。[1]这是一套项目覆盖范围比较全面、集评估和干预为一体的教学系统。

这套教学系统的主要特点有两点。第一，针对所有发育迟缓的儿童，使用者可根据儿童的月龄来进行能力评估，获取教学建议。它是一套可以随时评估、随时教学的系统，而且很鼓励家庭的介入，在每个教学项目中也给出了在自然情景下的教学的相关建议。第二，讲求项目与项目之间的融合教学，虽然教学计划是独立列出的，但是在教学过程中需要把项目按照逻辑和相关性原则进行整理和实施，这样的教学自然、连贯，是康复技术人员在干预过程中需要提升的部分。

这套教学系统能够有效地指导教师和家长对学龄前孤独症儿童进行早期干预、系统干预和个别化干预，帮助特殊教育教师、康复技术人员、普通幼儿园教师和家长及时判断孩子的状况，为开展有针对性、有效的融合干预打下坚实的基础。

---

[1]约翰逊–马丁，哈克，阿特迈尔．卡罗来纳特殊教育课程．学龄前儿童：第二版：全二册［M］．张苗苗，等译．北京：华夏出版社有限公司，2021：3.

第三节
学龄前孤独症儿童融合教育生态化评估

生态化评估是指把儿童放入社会环境中，通过评估儿童在社会环境中的行为表现来说明儿童与环境的关系。与发育发展评估侧重于关注儿童本身的能力不同，生态化评估更侧重于关注儿童与环境之间的互动关系。

孤独症儿童的融合教育本身关注的就是孤独症儿童在普通教育环境中的适应性，而生态化评估的理念正好契合了孤独症儿童融合教育的关注点。因此，要想有效地制订出适合学龄前孤独症儿童的个别化融合教育计划及支持策略，生态化评估必不可少。

一、学龄前孤独症儿童融合教育生态化评估的理论基础

学龄前孤独症儿童融合教育生态化评估以布朗芬布伦纳（Bronfenbrenner）的人类发展生态学为理论基础。布朗芬布伦纳认为，发展着的人不能被看作是环境在其之上任意施加影响的一块白板，而是一个不断成长的并时刻重新构建其所在环境的动态的实体；由于环境有其影响作用，需要与发展主体相互适应；与发展过程相

联系的环境不仅是指单一的、即时的情景，还包括了各情景之间的相互联系，以及这些情景所根植于的更大的环境。[1]

布朗芬布伦纳把生态环境（Ecological Environment）分为小系统（Microsystem）、中间系统（Mesosystem）、外系统（Exosystem）和大系统（Macrosystem）四个种类的生态系统，它们之间的关系如图 2-3-1 所示。

图 2-3-1 生态系统模型

[1] 薛烨，朱家雄，等．生态学视野下的学前教育［M］．上海：华东师范大学出版社，2007：66.

生态环境的四个系统之间的关系可以用四个同心圆来表示。同心圆的最中心是有机个体（儿童）。离“儿童”这个核心最近的是小系统。在小系统中的环境因素是与儿童有直接密切接触关系的人，如父母、教师、邻居中的小伙伴等。由于小系统中的人是与儿童最直接接触的人，因此，小系统对儿童的行为和发展的影响是最直接的。

小系统与小系统之间因儿童的联结作用而形成一种相互影响的关系，这一关系被称为中间系统。

在中间系统之外，还存在着虽然不直接与儿童产生关系，但会影响儿童发展的社会环境，这一社会环境被称为外系统。比如，父母的工作单位虽然与儿童没有直接的关联，但父母工作单位的上班时间、工资待遇等会间接地影响儿童的发展。

在外系统之外，还存在着社会文化、法律法规、道德规范等影响儿童发展的环境因素，这些环境因素统称为大系统。

生态系统模型将儿童与环境之间的关系进行了梳理，标明了不同环境因素对儿童影响的作用及层次关系。这提醒我们在评估儿童的行为和发展时，不仅要关注儿童本身，还应关注儿童与环境之间互动的关系。

二、PEO 评估

1. 什么是 PEO 评估

PEO 是人（Person）、环境（Environment）、活动（Occupation）的英文首位大写字母组合的简称，是一个来自加拿大的康复理论框架，可以用来评估和设计康复活动的开展，包括人、环境和活动三个要素。

P（人），指的是康复的具体对象，主要内容包括：生理、认知、兴趣或爱好、心理、精神、仪态、具体行为等。

E（环境），主要内容包括：物理环境、经济环境、社会态度或社会支持、社交环境、文化、用具与技术、自然环境、政策、时间等。

O（活动），指康复对象的日常主要活动，主要内容包括：游戏或休闲活动、学校活动、工作、日常生活活动、日常生活程序等。

PEO 框架如图 2-3-2 所示。

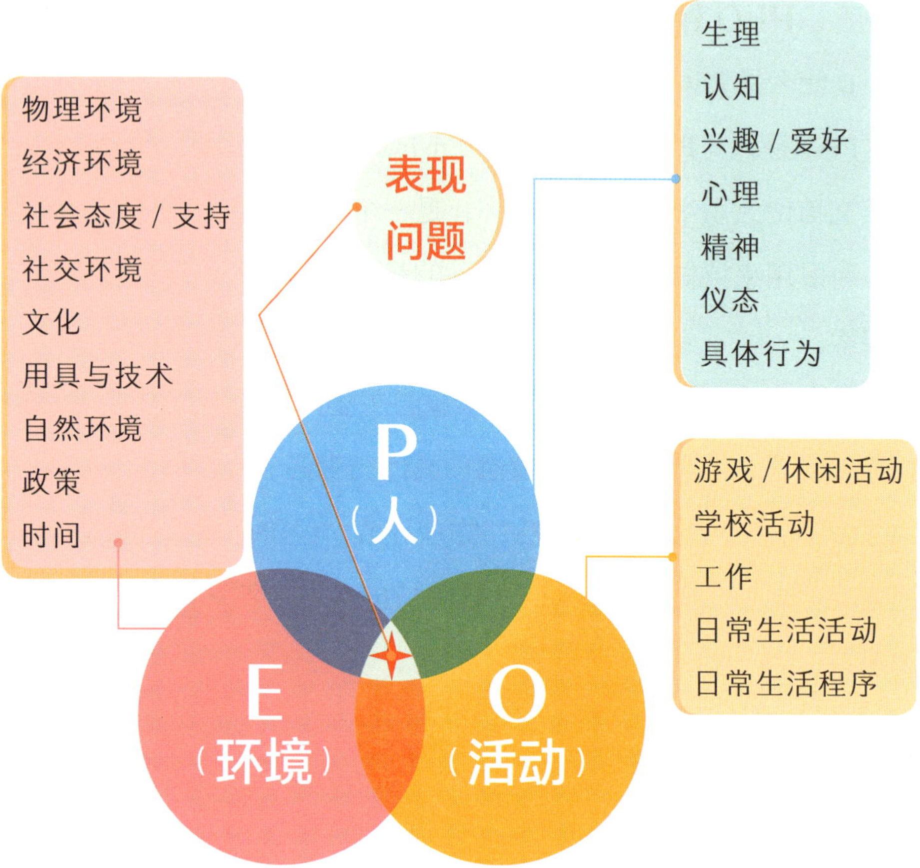

图 2-3-2　PEO 框架

2. 运用 PEO 框架来评估学龄前孤独症儿童的康复教育

P（人）：从学龄前孤独症儿童的基本信息（包括年龄、性别、诊断或合并症、康复经历等），发育发展里程碑的主要能力领域（包括感知觉能力、语言理解与语言表达能力、认知能力、小肌肉能力、大运动能力、生活自理能力、社交与情绪、社会适应等），以及兴趣、注意力、优势或劣势等方面了解学龄前孤独症儿童的能力情况。

E（环境）：结合学龄前孤独症儿童的主要日常活动，审视这些主要活动是在哪些物理条件、社会态度及社交环境下开展的，分析哪些环境因素对孩子的活动表现有利，哪些对孩子的活动表现不利。

O（活动）：立足于学龄前孤独症儿童的发展阶段，了解孩子一天的主要日常活动及程序。需要注意的是，很多康复技术人员和家长容易混淆“活动”和“能力”，或者仅仅把康复重点放在孩子的能力上，而忽略了这个“能力”是否是孩子当下的日常活动中最迫切需要掌握的技能。

PEO 框架分析的具体内容如图 2-3-3 所示。运用 PEO 框架三个部分的内容，结合孩子的信息，以及发育发展的评估线索，对内容进行完善、具体的描述，可以帮助我们从人、环境、活动三个方面全面了解孩子的各方面情况，为干预及动态评估提供参考。

3. 运用 PEO 框架来评估学龄前孤独症儿童的融合教育

运用 PEO 框架来评估学龄前孤独症儿童，可以帮助康复教师和普通幼儿园教师了解孩子（P）、环境（E）、幼儿园的活动（O）。通

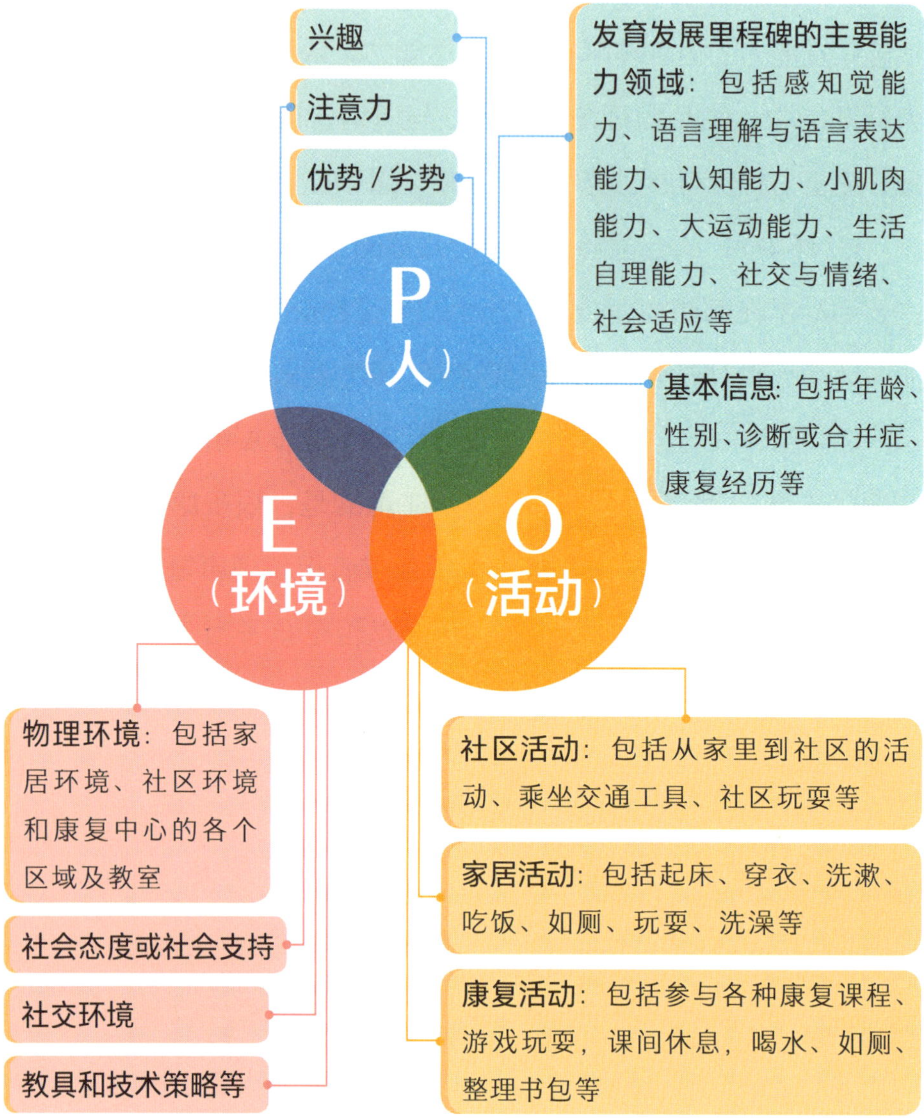

图 2-3-3　PEO 框架分析

过观察评估，动态地了解学龄前孤独症儿童在普通幼儿园各个活动环节的表现。

结合 PEO 框架的动态观察评估，联系孩子（P）、环境（E）、幼儿园的活动（O），来分析影响孩子活动表现的能力因素和环境因素，为提供支持策略找到关键的线索，这样的做法旨在通过提高孩子的关键性能力和提供环境支持策略来进行干预，促进孩子在幼儿园活动中的表现来提高融合效果。

例如，运用 PEO 框架来动态观察评估学龄前孤独症儿童在幼儿园半日融合活动流程中的区域活动表现。将幼儿园的活动（O）流程分解成小步骤，包括选择工作任务 1—开始工作—保持工作—结束工作—选择工作任务 2，教师根据上面的流程，评估孩子的完成情况。假设孩子在其他步骤都表现得符合期待，主要在“保持工作”这个步骤表现困难。了解到孩子“保持工作”这个步骤是孩子完成活动的表现困难点，结合孩子（P）的表现，通过分析，孩子在专注力的警觉、转移和保持三个阶段中，主要是“保持”这个阶段的能力不足，这就提示工作人员通过帮助孩子提高专注力中的“保持”能力来支持“保持工作”这个活动表现。同时，发挥环境（E）中辅助教师的作用，积极运用视觉策略提示帮助孩子理解“工作时间是多长”“完成此项工作的任务是什么”“怎么完成”等，从而帮助孩子提高“保持工作”的表现。

三、学龄前孤独症儿童融合适应性观察评估

学龄前孤独症儿童融合适应性观察评估是生态化评估运用于学龄前孤独症儿童融合教育的一种重要形式。学龄前孤独症儿童融合适应性观察评估指的是通过观察评估学龄前孤独症儿童与融合教育环境之间相互作用的关系，来说明学龄前孤独症儿童的优势和需要的支持。具体来说，就是在融合教育环境中观察学龄前孤独症儿童的行为表现，衡量环境对学龄前孤独症儿童行为表现的期待与学龄前孤独症儿童实际行为表现之间的差距。评估表制定流程如图 2-3-4 所示。

图 2-3-4　评估表制定流程图

1. 学龄前孤独症儿童融合适应性观察评估内容的确定

学龄前孤独症儿童融合适应性观察评估没有标准化的评估量表。由于该评估侧重的是环境的要求与儿童行为表现之间的关系，不同

的融合教育环境，对儿童的行为表现要求并不完全相同。因此，学龄前孤独症儿童融合适应性观察评估的具体内容也会因环境的不同而产生变化。那么，该如何确定学龄前孤独症儿童融合适应性观察评估的内容呢？

首先，要了解融合教育环境中的活动流程。

融合教育环境中的活动流程指的是学龄前孤独症儿童从进入融合教育环境开始，到离开融合教育环境这一时间段所要参与的所有活动的顺序安排。

如果儿童是全天在普通幼儿园融合，那么，就要了解普通幼儿园一整天的活动安排（如图 2-3-5 所示），包括课程安排和课间活动安排。如果儿童只是半天在普通幼儿园融合，半天在机构进行康复训练，那么，只需要了解儿童在普通幼儿园融合的半天的活动安排。

其次，要分解每一个活动环节中环境对儿童行为的期待。

任何一个社会环境都会对人的行为有所期待，这种期待就是常说的行为规范。比如，坐地铁要买票、过安检要排队、乘车期间保持安静等。融合教育环境同样也对儿童的行为有所期待。比如，进入校园要排队、上下楼梯靠右走、上课期间保持安静、做操时站在自己的位置等。儿童的实际行为表现与环境的期待越接近，其在环

幼儿园一日流程图

20××/××/××

午别	内容	时间
上午	户外体育活动及早操	7：50—9：20
	点心	9：20—9：40
	集中教育活动	9：40—10：10
	区域活动	10：10—11：10
	午餐及饭后散步	11：10—12：10
午睡　12：10—14：20		
下午	起床整理、饮水	14：20—14：40
	点心	14：40—15：00
	游戏或其他活动	15：00—16：00
	户外活动	16：00—16：30
	离园活动	16：30—16：50

图 2-3-5　幼儿园一日流程图

境中的适应程度就越好。

在学龄前孤独症儿童融合适应性观察评估中，直接将融合教育环境对儿童行为的期待作为评估的内容，以此来衡量环境对儿童的期待与儿童实际行为表现之间的关系。

将融合教育环境对儿童的行为期待分解后制作成适应性观察评估表，如表 2-1 所示。在正式将适应性观察评估表运用到实际评估之前，需要对评估表进行验证。在儿童即将要融合的班级中使用设计好的评估表，对普通儿童进行观察记录，确保评估内容与班级中大部分普通儿童的行为表现相符，从而避免“行为期待”标准过高，与实际不符。经过观察验证之后，如果评估表内容的设定合理，则可以正式投入使用；如果存在与实际不相符的地方，则需要重新调整并再次验证。

表 2-1　学龄前孤独症儿童融合适应性观察评估表

<table>
<tr><td colspan="6">儿童姓名：　　评估人：　　评估地点：　　评估日期：</td></tr>
<tr><td colspan="6">说明：每个项目满分为 2 分，儿童独立完成记 2 分，辅助下完成记 1 分，不能完成记 0 分。</td></tr>
<tr><th>融合情景</th><th>环境对行为的期待</th><th>儿童实际行为表现</th><th>得分</th><th>原始分</th><th>适应程度</th></tr>
<tr><td></td><td></td><td>□身体辅助　□语言辅助　□手势提示
□示范　□视觉提示</td><td></td><td></td><td></td></tr>
</table>

续表

融合情景	环境对行为的期待	儿童实际行为表现	得分	原始分	适应程度
		□身体辅助 □语言辅助 □手势提示 □示范 □视觉提示			
		□身体辅助 □语言辅助 □手势提示 □示范 □视觉提示			
		□身体辅助 □语言辅助 □手势提示 □示范 □视觉提示			
		□身体辅助 □语言辅助 □手势提示 □示范 □视觉提示			
		□身体辅助 □语言辅助 □手势提示 □示范 □视觉提示			
总计					

最后，要在融合教育环境中对儿童进行观察评估。

在观察评估中，如果儿童能够独立做出符合环境期待的行为，则在“儿童实际行为表现”中不做填写，并在得分栏填上“2”；如果儿童需要教师或者同伴的支持才能够做出符合环境期待的行为，则在“儿童实际行为表现”一栏中选择相应的辅助方式，并在得分栏填上“1”；如果儿童在教师或同伴的支持下，依然不能够做出符合环境期待的行为，则在“儿童实际行为表现”一栏中不做填写，并在得分栏填上“0”。观察评估结束后计算儿童的得分，并根据儿童的得分分别计算出每一个融合情景的适应程度和总适应程度。适应程度是对儿童实际表现与环境对儿童的行为期待之间的关系的衡量，计算方式为：（原始分 / 总分）×100%= 适应程度。分数越高，说明儿童在融合环境中的适应程度越好。

需要注意的是，本观察评估表只用于某一儿童在某一特定融合教育环境中适应程度的前后对比，表中的结果只能说明某一儿童在某一环境中当下的表现，不能用于评判儿童的能力发展或者障碍程度。本观察评估表可以说明某一儿童在某一融合教育环境中的优势及困难，并且能够说明有利于儿童学习的支持方式（即辅助方式）。

2. 学龄前孤独症儿童融合适应性评估内容制定案例

5 岁的佳佳将要进入某幼儿园花朵班进行半天融合。在佳佳正式进入幼儿园之前，佳佳的康复教师跟花朵班的班主任进行了面对面沟通，了解幼儿园及班级的半日活动流程，如图 2-3-6 所示。

适应性观察评估表第一栏“融合情景”指的是儿童融合教育环境中的活动场景，可以直接根据幼儿园的活动流程的名称进行划分。其中，如果活动流程中某几个环节对儿童的行为期待是一致的，那么可以把这几个环节合并成一个融合情景。如上述流程中的早餐和午餐，其对儿童的行为期待是一致的，则可以合并成“进餐”的融合情景。根据该活动流程，佳佳的康复教师得出了佳佳适应性观察评估表的第一栏（融合情景）的内容，如表 2-2 所示。

幼儿园半日活动流程

20××/××/××

内 容	时 间
入园、晨间活动	7：45—8：30
早餐、餐后活动	8：30—8：50
区域活动	8：50—9：50
户外活动	9：50—11：00
生活活动	11：00—11：30
午餐	11：30—11：50
离园	11：50—12：00

图 2-3-6　幼儿园半日活动流程图

表 2-2　学龄前孤独症儿童融合适应性观察评估表（融合情景）

<table>
<tr><td colspan="6">儿童姓名：　　评估人：　　评估地点：　　评估日期：</td></tr>
<tr><td colspan="6">说明：每个项目满分为 2 分，儿童独立完成记 2 分，辅助下完成记 1 分，不能完成记 0 分。</td></tr>
<tr><th>融合情景</th><th>环境对行为的期待</th><th>儿童实际行为表现</th><th>得分</th><th>原始分</th><th>适应程度</th></tr>
<tr><td>入园</td><td></td><td>□身体辅助　□语言辅助　□手势提示
□示范　□视觉提示</td><td></td><td></td><td></td></tr>
<tr><td>晨间活动</td><td></td><td>□身体辅助　□语言辅助　□手势提示
□示范　□视觉提示</td><td></td><td></td><td></td></tr>
<tr><td>进餐</td><td></td><td>□身体辅助　□语言辅助　□手势提示
□示范　□视觉提示</td><td></td><td></td><td></td></tr>
<tr><td>餐后自选活动</td><td></td><td>□身体辅助　□语言辅助　□手势提示
□示范　□视觉提示</td><td></td><td></td><td></td></tr>
<tr><td>区域活动</td><td></td><td>□身体辅助　□语言辅助　□手势提示
□示范　□视觉提示</td><td></td><td></td><td></td></tr>
<tr><td>户外活动</td><td></td><td>□身体辅助　□语言辅助　□手势提示
□示范　□视觉提示</td><td></td><td></td><td></td></tr>
<tr><td>生活活动</td><td></td><td>□身体辅助　□语言辅助　□手势提示
□示范　□视觉提示</td><td></td><td></td><td></td></tr>
<tr><td>离园</td><td></td><td>□身体辅助　□语言辅助　□手势提示
□示范　□视觉提示</td><td></td><td></td><td></td></tr>
<tr><td colspan="3">总计</td><td></td><td></td><td></td></tr>
</table>

接下来，需要完成“环境对行为的期待”这一栏的内容。“环境对行为的期待”指的是“融合情景”对儿童行为的要求。在完成这

一栏的内容时，佳佳的康复教师跟幼儿园的班主任进行了沟通，了解在每一个融合活动情景中教师对儿童行为的期待。并且，佳佳的康复教师会在幼儿园观察普通儿童在这些活动情景中的行为表现，从而得出“环境对行为的期待”一栏的内容，如表 2-3 所示。

表 2-3　学龄前孤独症儿童融合适应性观察评估表（环境对行为的期待）

<table>
<tr><td colspan="6">儿童姓名：　　评估人：　　评估地点：　　评估日期：</td></tr>
<tr><td colspan="6">说明：每个项目满分为 2 分，儿童独立完成记 2 分，辅助下完成记 1 分，不能完成记 0 分。</td></tr>
<tr><th>融合情景</th><th>环境对行为的期待</th><th>儿童实际行为表现</th><th>得分</th><th>原始分</th><th>适应程度</th></tr>
<tr><td rowspan="4">入园</td><td>排队按顺序入园</td><td>□身体辅助　□语言辅助　□手势提示
□示范　□视觉提示</td><td></td><td rowspan="4"></td><td rowspan="4"></td></tr>
<tr><td>配合医生进行晨检</td><td>□身体辅助　□语言辅助　□手势提示
□示范　□视觉提示</td><td></td></tr>
<tr><td>找到自己的班级</td><td>□身体辅助　□语言辅助　□手势提示
□示范　□视觉提示</td><td></td></tr>
<tr><td>跟教师打招呼</td><td>□身体辅助　□语言辅助　□手势提示
□示范　□视觉提示</td><td></td></tr>
<tr><td rowspan="3">晨间活动</td><td>把书包放在指定位置</td><td>□身体辅助　□语言辅助　□手势提示
□示范　□视觉提示</td><td></td><td rowspan="3"></td><td rowspan="3"></td></tr>
<tr><td>选择自己喜欢的器械进行游戏</td><td>□身体辅助　□语言辅助　□手势提示
□示范　□视觉提示</td><td></td></tr>
<tr><td>保持在班级活动区域范围内活动</td><td>□身体辅助　□语言辅助　□手势提示
□示范　□视觉提示</td><td></td></tr>
</table>

续表

融合情景	环境对行为的期待	儿童实际行为表现	得分	原始分	适应程度
晨间活动	游戏结束时帮助教师将活动器械归位	□身体辅助　□语言辅助　□手势提示 □示范　□视觉提示			
	模仿教师做操	□身体辅助　□语言辅助　□手势提示 □示范　□视觉提示			
	排队回教室，保持在队伍内，不离队，不推搡同伴	□身体辅助　□语言辅助　□手势提示 □示范　□视觉提示			
进餐	排队领取早餐	□身体辅助　□语言辅助　□手势提示 □示范　□视觉提示			
	排队时保持站姿基本端正，不玩教具柜的玩具	□身体辅助　□语言辅助　□手势提示 □示范　□视觉提示			
	根据队伍的行进速度往前走，不推搡同伴，不插队	□身体辅助　□语言辅助　□手势提示 □示范　□视觉提示			
	用合适的力度拿取餐盘和餐具	□身体辅助　□语言辅助　□手势提示 □示范　□视觉提示			
	按需领取食物，不浪费	□身体辅助　□语言辅助　□手势提示 □示范　□视觉提示			
	在规定的时间内吃完早餐	□身体辅助　□语言辅助　□手势提示 □示范　□视觉提示			
	进餐时保持桌面及衣物整洁	□身体辅助　□语言辅助　□手势提示 □示范　□视觉提示			

续表

融合情景	环境对行为的期待	儿童实际行为表现	得分	原始分	适应程度
进餐	用餐结束后能将餐盘和餐具放到指定位置	□身体辅助 □语言辅助 □手势提示 □示范 □视觉提示			
	完成清洗餐盘和餐具的流程	□身体辅助 □语言辅助 □手势提示 □示范 □视觉提示			
	用毛巾擦嘴	□身体辅助 □语言辅助 □手势提示 □示范 □视觉提示			
	完成洗手流程	□身体辅助 □语言辅助 □手势提示 □示范 □视觉提示			
餐后自选活动	自行选择活动（看书或帮教师做值日）	□身体辅助 □语言辅助 □手势提示 □示范 □视觉提示			
	保持在活动区域内不离开	□身体辅助 □语言辅助 □手势提示 □示范 □视觉提示			
	活动结束后将物品归位	□身体辅助 □语言辅助 □手势提示 □示范 □视觉提示			
区域活动	工作时间里能在教师指定的区域内工作	□身体辅助 □语言辅助 □手势提示 □示范 □视觉提示			
	主动选择喜欢的教具并操作正确	□身体辅助 □语言辅助 □手势提示 □示范 □视觉提示			
	完成工作后主动把教具放回原位	□身体辅助 □语言辅助 □手势提示 □示范 □视觉提示			

续表

融合情景	环境对行为的期待	儿童实际行为表现	得分	原始分	适应程度
区域活动	按要求整理桌子，将椅子归位	□身体辅助　□语言辅助　□手势提示 □示范　□视觉提示			
	听从教师指令结束工作，到线上集合	□身体辅助　□语言辅助　□手势提示 □示范　□视觉提示			
	线上活动时，关注教师的讲解、示范	□身体辅助　□语言辅助　□手势提示 □示范　□视觉提示			
	跟随教师参与线上活动	□身体辅助　□语言辅助　□手势提示 □示范　□视觉提示			
户外活动	能保持在班级队伍中	□身体辅助　□语言辅助　□手势提示 □示范　□视觉提示			
	模仿教师做热身操	□身体辅助　□语言辅助　□手势提示 □示范　□视觉提示			
	根据规定的路线跑步，不离队	□身体辅助　□语言辅助　□手势提示 □示范　□视觉提示			
	听从教师的指令集合	□身体辅助　□语言辅助　□手势提示 □示范　□视觉提示			
	保持在班级活动区域内活动	□身体辅助　□语言辅助　□手势提示 □示范　□视觉提示			
	根据教师的指示完成场地上的各类器械运动	□身体辅助　□语言辅助　□手势提示 □示范　□视觉提示			
	活动时能主动遵守基本的游戏规则，如轮流、等待等	□身体辅助　□语言辅助　□手势提示 □示范　□视觉提示			

续表

融合情景	环境对行为的期待	儿童实际行为表现	得分	原始分	适应程度
户外活动	活动时有一定的安全意识，会辨别危险，躲避危险	□身体辅助 □语言辅助 □手势提示 □示范 □视觉提示			
	主动或在他人发起活动时，与他人追逐打闹	□身体辅助 □语言辅助 □手势提示 □示范 □视觉提示			
	主动或在他人发起游戏时，与他人进行合作游戏	□身体辅助 □语言辅助 □手势提示 □示范 □视觉提示			
生活活动	有需求时知道报告教师	□身体辅助 □语言辅助 □手势提示 □示范 □视觉提示			
	知道根据身体状态自主喝水、增减衣物等	□身体辅助 □语言辅助 □手势提示 □示范 □视觉提示			
	在指定的区域换鞋	□身体辅助 □语言辅助 □手势提示 □示范 □视觉提示			
	自行完成换鞋	□身体辅助 □语言辅助 □手势提示 □示范 □视觉提示			
	换鞋后将换出的鞋子和所坐的凳子归位	□身体辅助 □语言辅助 □手势提示 □示范 □视觉提示			
	从自己的书包中拿出干净的衣服	□身体辅助 □语言辅助 □手势提示 □示范 □视觉提示			
	脱下汗湿的衣服	□身体辅助 □语言辅助 □手势提示 □示范 □视觉提示			

续表

融合情景	环境对行为的期待	儿童实际行为表现	得分	原始分	适应程度
生活活动	穿上干净的衣服	□身体辅助 □语言辅助 □手势提示 □示范 □视觉提示			
	把汗湿的衣服用袋子装好放回书包里	□身体辅助 □语言辅助 □手势提示 □示范 □视觉提示			
	把书包整齐放回书包柜	□身体辅助 □语言辅助 □手势提示 □示范 □视觉提示			
离园	把水杯、鞋子放进书包	□身体辅助 □语言辅助 □手势提示 □示范 □视觉提示			
	背好书包	□身体辅助 □语言辅助 □手势提示 □示范 □视觉提示			
	跟教师和同伴说再见	□身体辅助 □语言辅助 □手势提示 □示范 □视觉提示			
总计					

基于此，佳佳的融合适应性观察评估表的内容设计就基本完成了。在正式将这个表格运用到实际评估之前，佳佳的康复教师将制作好的融合适应性观察评估表在花朵班的多名普通儿童身上进行试评估，从而验证该评估表的合理性。

需要指出的是，学龄前孤独症儿童融合适应性观察评估表可以用于评估学龄前孤独症儿童每一次融合的具体表现，也可以通过每一次评估的数据对比，制成图表以直观反映学龄前孤独症儿童在融合适应方面的进步情况。

如佳佳每一次到幼儿园融合，佳佳的康复教师就会使用适应性观察评估表对佳佳进行一次评估，如表 2-4 所示。

表 2-4 佳佳的融合适应性观察评估表

儿童姓名：佳佳　　　　评估人：张老师
评估地点：某幼儿园花朵班　　　　评估日期：2020 年 9 月 4 日

说明：每个项目满分为 2 分，儿童独立完成记 2 分，辅助下完成记 1 分，不能完成记 0 分。

融合情景	环境对行为的期待	儿童实际行为表现	得分	原始分	适应程度
入园	排队按顺序入园	■身体辅助 □语言辅助 □手势提示 □示范 □视觉提示	1	2	25.00%
	配合医生进行晨检	□身体辅助 □语言辅助 □手势提示 □示范 □视觉提示	0		
	找到自己的班级	□身体辅助 □语言辅助 □手势提示 □示范 □视觉提示	0		
	跟教师打招呼	□身体辅助 □语言辅助 □手势提示 ■示范 □视觉提示	1		
晨间活动	把书包放在指定位置	■身体辅助 □语言辅助 □手势提示 □示范 □视觉提示	1	3	25.00%
	选择自己喜欢的器械进行游戏	□身体辅助 □语言辅助 □手势提示 □示范 □视觉提示	0		
	保持在班级活动区域范围内活动	□身体辅助 □语言辅助 □手势提示 □示范 □视觉提示	0		

续表

融合情景	环境对行为的期待	儿童实际行为表现	得分	原始分	适应程度
晨间活动	游戏结束时帮助教师将活动器械归位	■身体辅助　□语言辅助　□手势提示 □示范　□视觉提示	1		
	模仿教师做操	□身体辅助　□语言辅助　□手势提示 □示范　□视觉提示	0		
	排队回教室，保持在队伍内，不离队，不推搡同伴	■身体辅助　□语言辅助　□手势提示 □示范　□视觉提示	1		
进餐	排队领取早餐	■身体辅助　□语言辅助　□手势提示 □示范　□视觉提示	1		
	排队时保持站姿基本端正，不玩教具柜的玩具	□身体辅助　□语言辅助　□手势提示 □示范　□视觉提示	0		
	根据队伍的行进速度往前走，不推搡同伴，不插队	■身体辅助　□语言辅助　□手势提示 □示范　□视觉提示	1	8	36.36%
	用合适的力度拿取餐盘和餐具	□身体辅助　□语言辅助　□手势提示 □示范　□视觉提示	0		
	按需领取食物，不浪费	□身体辅助　■语言辅助　□手势提示 □示范　□视觉提示	1		
	在规定的时间内吃完早餐	□身体辅助　□语言辅助　□手势提示 □示范　□视觉提示	2		

续表

融合情景	环境对行为的期待	儿童实际行为表现	得分	原始分	适应程度
进餐	进餐时保持桌面及衣物整洁	□身体辅助 □语言辅助 □手势提示 □示范 □视觉提示	0		
	用餐结束后能将餐盘和餐具放到指定位置	■身体辅助 □语言辅助 □手势提示 □示范 □视觉提示	1		
	完成清洗餐盘和餐具的流程	□身体辅助 □语言辅助 □手势提示 ■示范 □视觉提示	1		
	用毛巾擦嘴	□身体辅助 □语言辅助 □手势提示 □示范 □视觉提示	0		
	完成洗手流程	■身体辅助 □语言辅助 □手势提示 □示范 □视觉提示	1		
餐后自选活动	自行选择活动（看书或帮教师做值日）	□身体辅助 □语言辅助 □手势提示 □示范 □视觉提示	0	1	16.67%
	保持在活动区域内不离开	□身体辅助 □语言辅助 □手势提示 □示范 □视觉提示	0		
	活动结束后将物品归位	■身体辅助 □语言辅助 □手势提示 □示范 □视觉提示	1		
区域活动	工作时间里能在教师指定的区域内工作	□身体辅助 □语言辅助 □手势提示 □示范 □视觉提示	0	2	14.29%
	主动选择喜欢的教具并操作正确	□身体辅助 □语言辅助 □手势提示 □示范 □视觉提示	0		

续表

融合情景	环境对行为的期待	儿童实际行为表现	得分	原始分	适应程度
区域活动	完成工作后主动把教具放回原位	■身体辅助　□语言辅助　□手势提示 □示范　□视觉提示	1		
	按要求整理桌子，将椅子归位	□身体辅助　■语言辅助　□手势提示 □示范　□视觉提示	1		
	听从教师指令结束工作，到线上集合	□身体辅助　□语言辅助　□手势提示 □示范　□视觉提示	0		
	线上活动时，关注教师的讲解、示范	□身体辅助　□语言辅助　□手势提示 □示范　□视觉提示	0		
	跟随教师参与线上活动	□身体辅助　□语言辅助　□手势提示 □示范　□视觉提示	0		
户外活动	能保持在班级队伍中	□身体辅助　□语言辅助　□手势提示 □示范　□视觉提示	0	5	25.00%
	模仿教师做热身操	□身体辅助　□语言辅助　□手势提示 □示范　□视觉提示	0		
	根据规定的路线跑步，不离队	□身体辅助　□语言辅助　□手势提示 □示范　□视觉提示	2		
	听从教师的指令集合	■身体辅助　□语言辅助　□手势提示 □示范　□视觉提示	1		
	保持在班级活动区域内活动	□身体辅助　□语言辅助　□手势提示 □示范　□视觉提示	0		

续表

融合情景	环境对行为的期待	儿童实际行为表现	得分	原始分	适应程度
户外活动	根据教师的指示完成场地上的各类器械运动	□身体辅助 □语言辅助 □手势提示 □示范 □视觉提示	0		
	活动时能主动遵守基本的游戏规则，如轮流、等待等	□身体辅助 □语言辅助 □手势提示 □示范 □视觉提示	0		
	活动时有一定的安全意识，会辨别危险，躲避危险	□身体辅助 □语言辅助 □手势提示 □示范 □视觉提示	2		
	主动或在他人发起活动时，与他人追逐打闹	□身体辅助 □语言辅助 □手势提示 □示范 □视觉提示	0		
	主动或在他人发起游戏时，与他人进行合作游戏	□身体辅助 □语言辅助 □手势提示 □示范 □视觉提示	0		
生活活动	有需求时知道报告教师	□身体辅助 □语言辅助 □手势提示 ■示范 □视觉提示	1		
	知道根据身体状态自主喝水、增减衣物等	□身体辅助 □语言辅助 □手势提示 □示范 □视觉提示	2	9	45.00%

续表

融合情景	环境对行为的期待	儿童实际行为表现	得分	原始分	适应程度
生活活动	在指定的区域换鞋	■身体辅助 □语言辅助 □手势提示 □示范 □视觉提示	1		
	自行完成换鞋	■身体辅助 □语言辅助 □手势提示 □示范 □视觉提示	1		
	换鞋后将换出的鞋子和所坐的凳子归位	■身体辅助 □语言辅助 □手势提示 □示范 □视觉提示	1		
	从自己的书包中拿出干净的衣服	□身体辅助 □语言辅助 ■手势提示 □示范 □视觉提示	1		
	脱下汗湿的衣服	□身体辅助 □语言辅助 □手势提示 □示范 □视觉提示	0		
	穿上干净的衣服	□身体辅助 □语言辅助 □手势提示 □示范 □视觉提示	0		
	把汗湿的衣服用袋子装好放回书包里	□身体辅助 □语言辅助 ■手势提示 □示范 □视觉提示	1		
	把书包整齐放回书包柜	□身体辅助 ■语言辅助 □手势提示 □示范 □视觉提示	1		
离园	把水杯、鞋子放进书包	□身体辅助 ■语言辅助 □手势提示 □示范 □视觉提示	1	4	66.67%
	背好书包	□身体辅助 □语言辅助 □手势提示 □示范 □视觉提示	2		
	跟教师和同伴说再见	□身体辅助 □语言辅助 □手势提示 ■示范 □视觉提示	1		
总计				34	31.48%

将每一次评估的数据绘制成曲线，在经过多次评估之后，将会得到佳佳融合教育适应程度的进步曲线图，如图 2-3-7 所示。

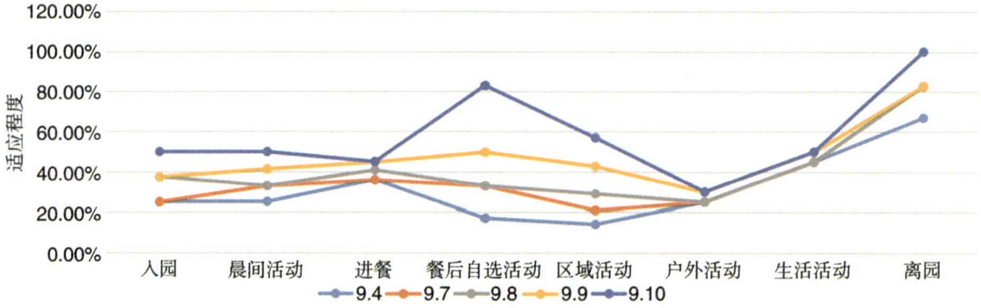

图 2-3-7　佳佳的融合适应性观察评估数据曲线图

融合适应性观察评估数据曲线图直观地反映了儿童在融合适应的过程中，在哪些融合情景中取得了进步，在哪些融合情景中没有取得进步。这个数据可以为我们调整融合支持目标及支持策略提供依据。

第三章

学龄前孤独症儿童个别化融合教育计划

个别化融合教育计划的制订是学龄前孤独症儿童融合教育模式中的“P（计划）”的重要组成部分。个别化融合教育计划是通过对评估数据的综合分析，在充分考虑儿童的潜能和尊重儿童的个别化差异的前提下，为儿童制定的融合教育的方案。

第一节 什么是个别化融合教育计划

2017 年，由国务院同意，教育部、国家发展改革委、民政部、财政部、人力资源社会保障部、卫生计生委和中国残联七部门共同印发的《第二期特殊教育提升计划（2017—2020 年）》提出：“坚持尊重差异，多元发展。尊重残疾学生的个体差异，注重潜能开发和缺陷补偿，提高特殊教育的针对性。促进残疾学生的个性化发展，为他们适应社会、融入社会奠定坚实基础。”这一基本原则的提出，强调了个别化教育对特殊需要儿童的价值和重要性。个别化融合教育计划是实现个别化教育的前提和保障。

个别化教育计划（Individualized Education Program，简称 IEP）是根据儿童的身心发展特点以及当前的教育需求而制定的教育方案。

在学龄前孤独症儿童融合教育中，个别化融合教育计划可以指引康复教师和普通幼儿园教师双方对儿童进行针对性融合教育及支持，从而有效提高儿童的发展水平。

个别化融合教育计划是根据某一名特殊需要儿童的实际发展水平，在充分考虑该儿童的优势和潜能的基础上制订的，它提醒教师在班级教学的普遍性中应充分考虑特殊需要儿童的个体差异。

一份完整的个别化融合教育计划，应该包括儿童的基本信息、儿童发育发展及适应性评估的基本情况、儿童的优劣势分析以及融合教育的目标这几个部分的内容。需要强调的是，个别化融合教育计划中的融合教育目标应包括儿童的技能发展目标和融合教育适应性行为目标。

第二节
学龄前孤独症儿童个别化融合教育计划的制订

在本书第一章第三节中提到，我们可以将 5W2H 分析法运用到学龄前孤独症儿童个别化融合教育计划的制订中。

一、学龄前孤独症儿童个别化融合教育计划制订中的“Who”

学龄前孤独症儿童个别化融合教育计划是学龄前孤独症儿童在幼儿园融合过程中的个别化教育实施的重要方案。融合教育需要康复机构、普通幼儿园、家庭等多方面的共同努力。因此，学龄前孤独症儿童个别化融合教育计划也应该是由康复机构教师、普通幼儿园教师以及家长共同制订的，如图 3-2-1 所示。

图 3-2-1　个别化融合教育计划的制订

康复机构教师主要负责对儿童进行评估，为个别化融合教育计划的制订提供儿童的评估数据，并从评估数据分析出儿童的优劣势和发展潜能。

普通幼儿园教师主要负责提供融合环境（即幼儿园）对儿童适应性行为的期待，根据儿童在幼儿园的表现情况，进行教学策略调整及提供其他环境支持。

家长在学龄前孤独症儿童个别化融合教育计划中的作用是十分重要的。家长主要负责提供儿童在家庭、社区中的表现情况数据，同时说明自己对儿童发展的期待。更重要的是，家长在参与儿童的个别化融合教育计划制订的过程中，能够深入了解儿童的下一阶段发展目标，跟康复机构和普通幼儿园在教育理念上达成一致，这有利于在实施个别化融合教育计划的过程中更好地配合康复机构和普通幼儿园开展融合教育教学。

二、学龄前孤独症儿童个别化融合教育计划制订中的“When”

学龄前孤独症儿童个别化融合教育计划是学龄前孤独症儿童融合教育的总体方案，因此，个别化融合教育计划应该在正式开展融合教育之前完成。一般情况下，在儿童进入融合教育环境之后，需要给予儿童一个适应期和评估期，个别化融合教育计划则在适应期和评估期结束之后立即完成。适应期和评估期没有固定的期限，根据每个儿童的适应情况而定，但时长应尽可能短，最长不要超过一个月。比较理想的是在儿童进入新的融合教育环境时，给予儿童一周的适应期和评估期，并在第二周之内完成个别化融合教育计划。

三、学龄前孤独症儿童个别化融合教育计划制订中的“How”

学龄前孤独症儿童个别化融合教育计划的制订大体可以分为两个步骤：收集并分析评估数据、拟定个别化融合教育目标。

（一）收集并分析评估数据

学龄前孤独症儿童个别化融合教育计划的制订需要建立在对儿童进行充分评估的基础上。因此，在制订个别化融合教育计划之前，应收集好儿童的所有评估数据并进行分析。收集的评估数据包括发育发展评估数据和生态化评估数据。通过对儿童发育发展评估数据的分析，可以得出儿童当前的各个领域的能力发展现状，为我们了解儿童的最近发展区、制定下一步的教育目标提供依据。通过对儿童生态化评估数据的分析，可以了解儿童的优劣势、学习特点以及生活环境中可以提供的支持。

（二）拟定个别化融合教育目标

学龄前孤独症儿童个别化融合教育目标的拟定应遵循 SMART 原则。具体如下：

S（Specific）：具体的。所拟定的个别化融合教育目标的范围应该是具体的，而不是宽泛的。在拟定个别化融合教育目标的时候，要描述清楚达成目标的行为标准，即目标要清晰、明确。比如，目标是“能够说出物品名称”，这个目标的描述虽然能够告诉我们目标的方向，但是没有明确告诉我们儿童具体要学习的是哪些物品的名称，需要学多少种，是儿童主动说出还是模仿说出。因此，这个目标的描述是不够清晰、明确的。要清楚地表述这个目标的行为标准，我们可以这样描述：“能自行说出 5 种常见生活用品的名称（杯子、鞋子、毛巾、碗、水壶）。”

M（Measurable）：可衡量的。所拟定的个别化融合教育目标应该是实际的、可以衡量的。在拟定个别化融合教育目标的时候，要清楚地说明达成目标的标准以及衡量目标是否达成的依据。比如，目标是“能自行说出 5 种常见生活用品的名称（杯子、鞋子、毛巾、碗、水壶）”，要清楚地说明儿童学习到什么程度才算是实现了这个目标。因此，在个别化融合教育目标里，应该加上一个衡量标准，如拟定成功标准的比率为 80%。有了成功标准之后，在衡量儿童是否达成目标的时候就有了一个清晰的标准：儿童只要达到 80% 的正确率就可以判定为儿童实现了该目标。需要说明的是，成功标准的比率没有统一的标准，而是根据目标对儿童的难易程度来设定，目标越容易，比率越高。

A（Attainable）：可达到的。目标要根据儿童的实际发展水平来设计，即确保目标是儿童通过努力学习可以达成的。目标的设置不能过低或者过高。目标过低，对儿童的发展没有促进意义；目标过高，超出儿童的能力水平，就无法达成。如当目标是“能自行说出 5 种常见生活用品的名称（杯子、鞋子、毛巾、碗、水壶）”，儿童要达成这个目标，需要有至少能够表达两个字的语言能力作为基础，如果面对的是一名完全没有口语基础的儿童，这个目标就是不可达成的，因为儿童还不具备达成该目标的能力基础。如果面对的是一名已经能够完整表达句子的儿童，儿童在开始学习前就已经具备了该能力，对于该儿童来说这个目标过低，对该儿童的能力发展没有促进作用。

R（Relevant）：与活动相关的。一个目标的设定要跟其他目标及儿童的日常生活活动形成关联。如果一个目标与其他目标及儿童的生活活动毫无关系，那么该目标即使实现了，儿童也不能将该知识和能力运用到实际生活中。比如，目标是“能自行说出 5 种常见生活用品的名称（杯子、鞋子、毛巾、碗、水壶）”，这个目标中儿童要学习的内容跟儿童的生活是息息相关的。儿童学习之后，可以把表达“杯子、鞋子、毛巾、碗、水壶”等物品的名称替换成日常生活中或者在融合教育情景中所用到的词语。

T（Time-bound）：有时限的。目标的设置要有时间限制。时效性的要求可以让人们明确这个目标是长期目标、中期目标还是短期目标，并且提示执行目标的人按照时间进度去努力达成目标。学龄前孤独症儿童个别化融合教育目标一般可以分为长期目标和短期目标。学龄前孤独症儿童个别化融合教育目标由于是结合孤独症儿童融合教育而设计的教育目标，因此，长期个别化融合教育目标可以依据学校的教学日历来进行设计。如以一个学期或者一年为一个时限进行长期目标的设定。短期个别化融合教育目标是指为了实现长期个别化融合教育目标，而对长期目标进行分解之后得出的小目标。短期个别化融合教育目标一般可以按月或者按周进行设计。

第三节
学龄前孤独症儿童个别化融合教育计划案例

学龄前孤独症儿童个别化融合教育计划是如何制订的？本节将通过一个完整的案例展示来说明。

一、案例介绍

小易，男孩，2016 年 12 月出生，2 岁 9 个月时被医院诊断为孤独症谱系障碍，后进入康复机构进行系统康复训练。小易即将要进入某幼儿园雨点班接受融合教育。现在，康复机构的张老师需要为小易制订一份个别化融合教育计划。

二、对案例的评估

在开始制订小易的个别化融合教育计划前，张老师先对小易进行了发育发展评估和生态化评估，得出相关数据。

（一）发育发展评估

张老师对小易进行了 VB-MAPP 评估，以了解小易当前的发育发展情况，评估结果如表 3-1、3-2、3-3 所示。

1. 里程碑评估结果

表 3-1 VB-MAPP 里程碑计分总表

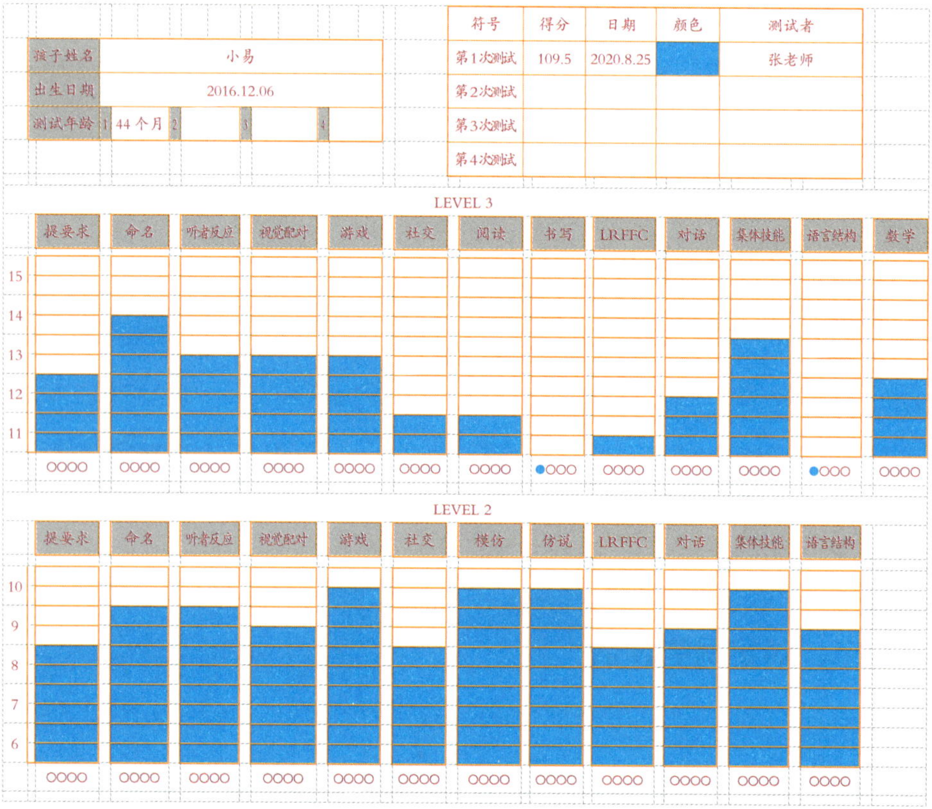

续表

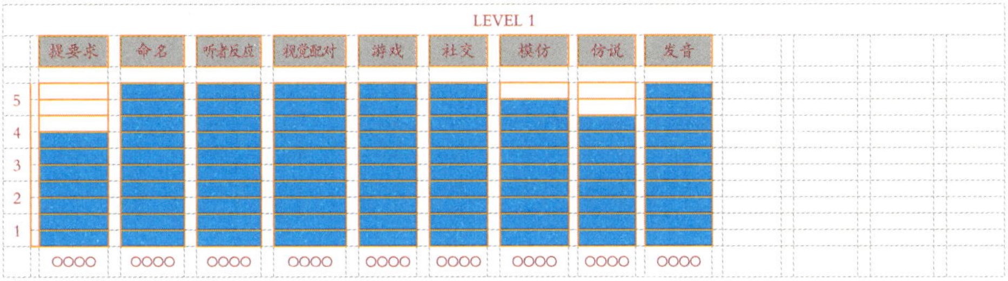

在表 3-1 中，填充蓝颜色的部分表示小易评估得分的项目。得分越高，能力发展越好。从以上评估结果可以看出，小易的生理年龄为 44 个月，他当前的整体发展水平已经进入第三阶段（30 ～ 48 个月）。实际发展年龄与生理年龄基本相当。但是，小易的能力发展并不均衡，并且在第一阶段（0 ～ 18 个月）和第二阶段（18 ～ 30 个月）中仍有部分能力没有发展出来。

2. 障碍类型评估结果

表 3-2　VB-MAPP 障碍计分总表

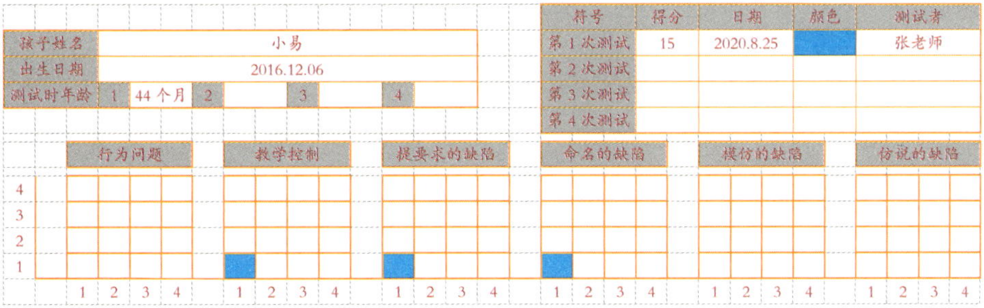

续表

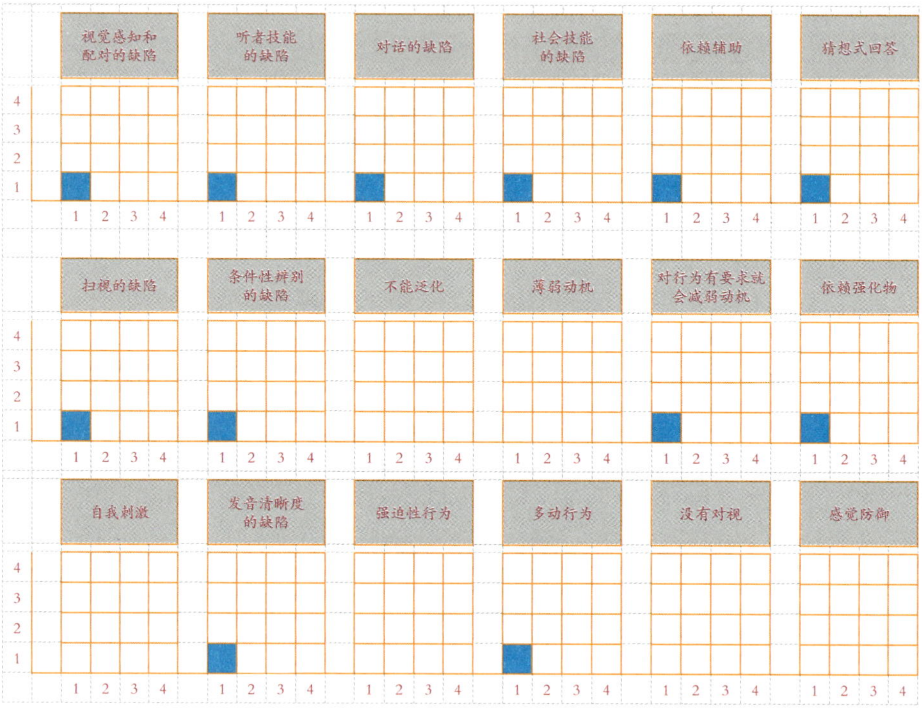

在表 3-2 中，填充蓝颜色的部分表示小易评估得分的项目。得分越高，障碍程度越严重。每填充一格，代表该儿童在该障碍类别得 1 分。得 1 分表示该类别的障碍在儿童身上只是一个偶然的问题，它必须被监测，但它可能不足以要求进行正式的干预。从小易的“ VB-MAPP 障碍计分总表”中可以看出，小易存在一些学习障碍，这些障碍需要被关注和监测。

3. 转衔评估结果

表 3-3　VB-MAPP 转衔计分表

孩子姓名	小易					
出生日期	2016.12.06					
测试时年龄	1	44 个月	2		3	4

符号	得分	日期	颜色	测试者
第 1 次测试	66	2020.8.25	蓝色	张老师
第 2 次测试				
第 3 次测试				
第 4 次测试				

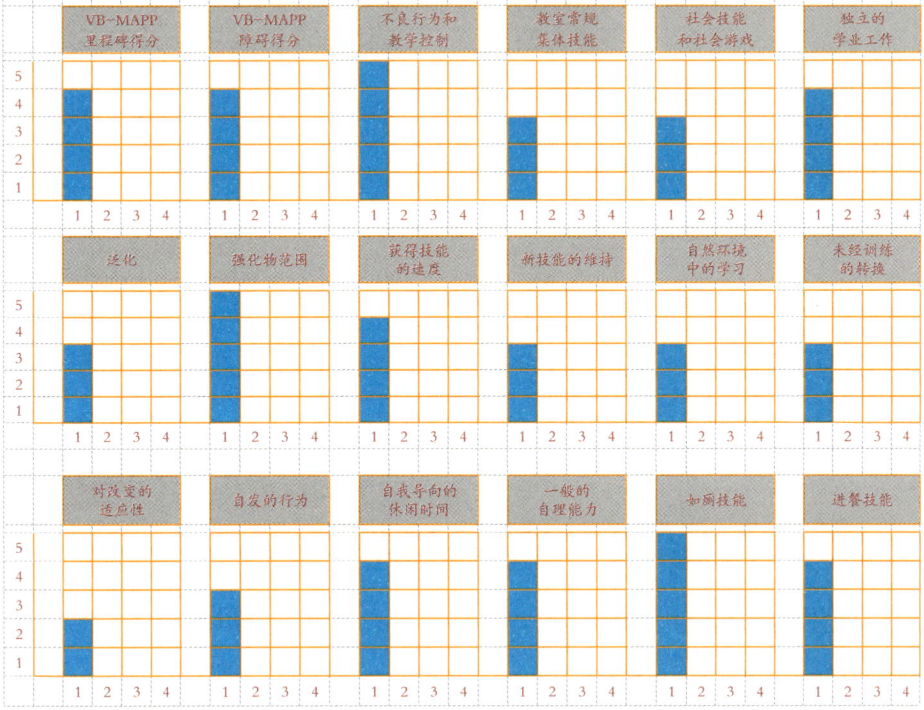

在表 3-3 中，填充蓝颜色的部分表示小易评估得分的项目。得分越高，儿童的总体技能和现有学习能力越好。从小易的转衔评估

结果可以看出，小易的转衔评估得分大部分在 3 分及以上，并且有一半以上的项目得分达到了 4 ～ 5 分。这说明该儿童可以使用接近适用于发展普通儿童的教育形式进行学习，但仍需要进行个别化跟进。

（二）生态化评估

为了充分了解小易进入普通幼儿园融合所具有的优势和可能存在的困难，张老师对小易进行了 PEO 评估和学龄前孤独症儿童融合适应性观察评估。评估结果如图 3-3-1 所示。

1.PEO 评估结果

从图 3-3-1 PEO 评估结果可以得出小易融合适应中的有利条件：所融合的班级是混龄班，可以利用大班组的孩子进行同伴引导，帮助小易适应融合环境；蒙氏特色教学灵活度和趣味性较高，有利于对小易进行个别化指导；小易有半天的时间在机构进行康复训练，这有助于对小易融合适应中遇到的困难进行系统的技能强化。不利于小易融合适应的因素：自理能力落后，在融合环境中的自理活动容易出现困难；社交技能缺乏，不利于小易在融合环境中跟同伴相处；注意力持续时间不够长，在集体活动中维持注意力困难。

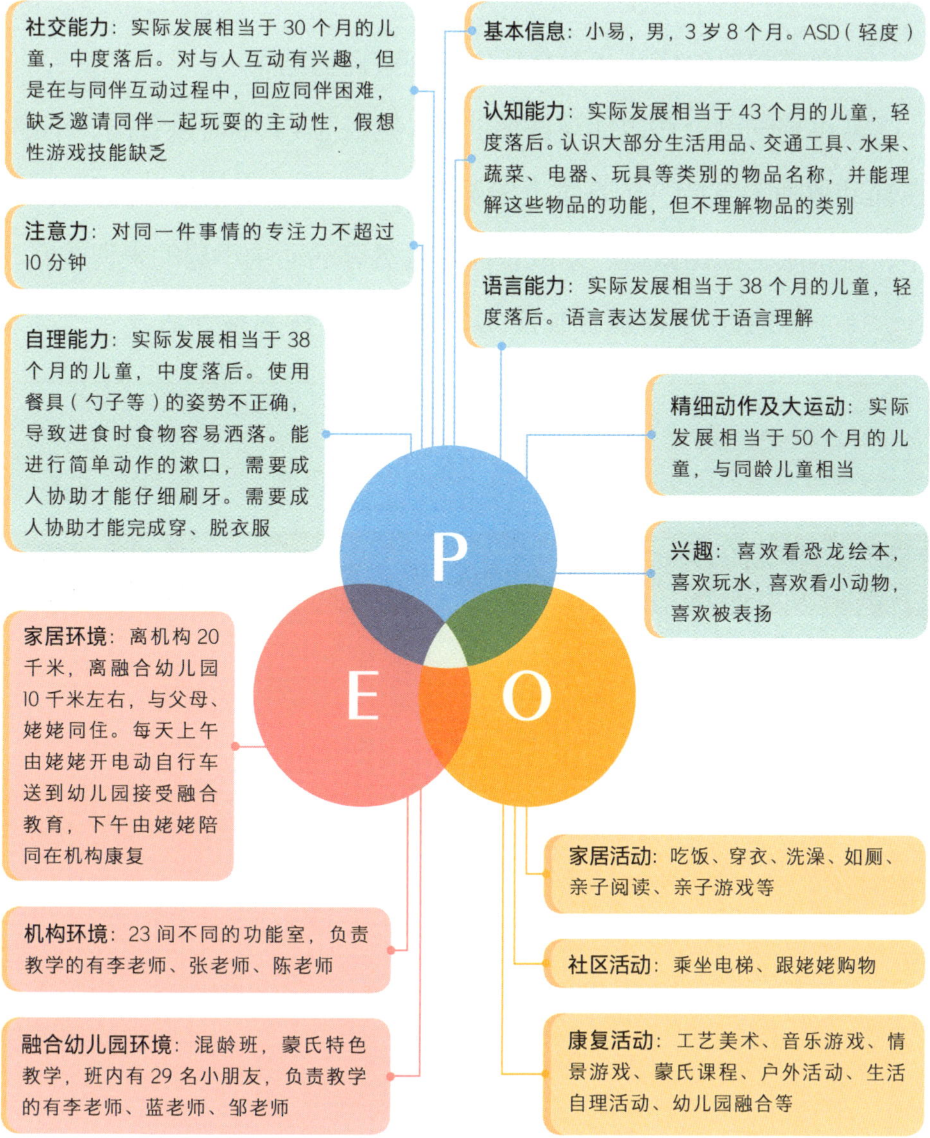

图 3-3-1　小易的 PEO 评估结果

2. 学龄前孤独症儿童融合适应性观察评估结果

从小易的融合适应性观察评估表（见表 3-4）中可以看出，小易在辅助教师的支持下，基本上能够完成幼儿园融合的半日流程。其中，在排队、模仿做操、拿取餐盘和餐具等活动中小易的表现较好。

表 3-4　学龄前孤独症儿童融合适应性观察评估表

儿童姓名：小易　　　　评估人：张老师　　　　评估地点：雨点班

评估日期：2020 年 9 月 1 日

说明：每个项目满分为 2 分，儿童独立完成记 2 分，辅助下完成记 1 分，不能完成记 0 分。

融合情景	环境对行为的期待	儿童实际行为表现	得分	原始分	适应程度
入园	排队按顺序入园	□身体辅助 ■语言辅助 □手势提示 □示范 □视觉提示	1	4	50.00%
	配合医生进行晨检	□身体辅助 ■语言辅助 □手势提示 □示范 □视觉提示	1		
	找到自己的班级	■身体辅助 □语言辅助 □手势提示 □示范 □视觉提示	1		
	跟教师打招呼	□身体辅助 □语言辅助 □手势提示 ■示范 □视觉提示	1		
晨间活动	把书包放在指定位置	□身体辅助 □语言辅助 ■手势提示 □示范 □视觉提示	1	8	66.67%
	选择自己喜欢的器械进行游戏	□身体辅助 ■语言辅助 □手势提示 □示范 □视觉提示	1		
	保持在班级活动区域范围内活动	■身体辅助 □语言辅助 □手势提示 □示范 □视觉提示	1		
	游戏结束时帮助教师将活动器械归位	■身体辅助 □语言辅助 □手势提示 □示范 □视觉提示	1		

续表

融合情景	环境对行为的期待	儿童实际行为表现	得分	原始分	适应程度
晨间活动	模仿教师做操	□身体辅助 □语言辅助 □手势提示 □示范 □视觉提示	2		
	排队回教室，保持在队伍内，不离队，不推搡同伴	□身体辅助 □语言辅助 □手势提示 □示范 □视觉提示	2		
进餐	排队领取早餐	□身体辅助 ■语言辅助 □手势提示 □示范 □视觉提示	1	15	68.18%
	排队时保持站姿基本端正，不玩教具柜的玩具	□身体辅助 ■语言辅助 □手势提示 □示范 □视觉提示	1		
	根据队伍的行进速度往前走，不推搡同伴，不插队	□身体辅助 ■语言辅助 □手势提示 □示范 □视觉提示	1		
	用合适的力度拿取餐盘和餐具	□身体辅助 □语言辅助 □手势提示 □示范 □视觉提示	2		
	按需领取食物，不浪费	□身体辅助 □语言辅助 □手势提示 □示范 □视觉提示	2		
	在规定的时间内吃完早餐	□身体辅助 □语言辅助 □手势提示 □示范 □视觉提示	2		
	进餐时保持桌面及衣物整洁	□身体辅助 □语言辅助 ■手势提示 □示范 □视觉提示	1		
	用餐结束后能将餐盘和餐具放到指定位置	□身体辅助 □语言辅助 □手势提示 ■示范 □视觉提示	1		

续表

融合情景	环境对行为的期待	儿童实际行为表现	得分	原始分	适应程度
进餐	完成清洗餐盘和餐具的流程	□身体辅助 □语言辅助 □手势提示 ■示范 □视觉提示	1		
	用毛巾擦嘴	□身体辅助 ■语言辅助 □手势提示 □示范 □视觉提示	1		
	完成洗手流程	□身体辅助 □语言辅助 □手势提示 □示范 □视觉提示	2		
餐后自选活动	自行选择活动（看书或帮教师做值日）	□身体辅助 ■语言辅助 □手势提示 □示范 □视觉提示	1	3	50.00%
	保持在活动区域内不离开	■身体辅助 □语言辅助 □手势提示 □示范 □视觉提示	1		
	活动结束后将物品归位	□身体辅助 □语言辅助 ■手势提示 □示范 □视觉提示	1		
区域活动	工作时间能在教师指定的区域内工作	□身体辅助 □语言辅助 □手势提示 □示范 □视觉提示	0	9	64.29%
	主动选择喜欢的教具并操作正确	□身体辅助 □语言辅助 □手势提示 □示范 □视觉提示	2		
	完成工作后主动把教具放回原位	□身体辅助 ■语言辅助 □手势提示 □示范 □视觉提示	1		
	按要求整理桌子，将椅子归位	□身体辅助 □语言辅助 ■手势提示 □示范 □视觉提示	1		
	听从教师指令结束工作，到线上集合	□身体辅助 □语言辅助 □手势提示 □示范 □视觉提示	2		

续表

融合情景	环境对行为的期待	儿童实际行为表现	得分	原始分	适应程度
区域活动	线上活动时，关注教师的讲解、示范	☐身体辅助 ■语言辅助 ☐手势提示 ☐示范 ☐视觉提示	1		
	跟随教师参与线上活动	☐身体辅助 ☐语言辅助 ☐手势提示 ☐示范 ☐视觉提示	2		
户外活动	能保持在班级队伍中	☐身体辅助 ☐语言辅助 ☐手势提示 ☐示范 ☐视觉提示	2	14	70.00%
	模仿教师做热身操	☐身体辅助 ☐语言辅助 ☐手势提示 ☐示范 ☐视觉提示	2		
	根据规定的路线跑步，不离队	☐身体辅助 ☐语言辅助 ☐手势提示 ☐示范 ☐视觉提示	2		
	听从教师的指令集合	☐身体辅助 ☐语言辅助 ☐手势提示 ☐示范 ☐视觉提示	2		
	保持在班级活动区域内活动	☐身体辅助 ☐语言辅助 ☐手势提示 ☐示范 ☐视觉提示	0		
	根据教师的指示完成场地上的各类器械运动	☐身体辅助 ☐语言辅助 ☐手势提示 ☐示范 ☐视觉提示	0		
	活动时能主动遵守基本的游戏规则，如轮流、等待等	☐身体辅助 ■语言辅助 ☐手势提示 ☐示范 ☐视觉提示	1		
	活动时有一定的安全意识，会辨别危险，躲避危险	☐身体辅助 ☐语言辅助 ☐手势提示 ☐示范 ☐视觉提示	2		

续表

融合情景	环境对行为的期待	儿童实际行为表现	得分	原始分	适应程度
户外活动	主动或在他人发起活动时，与他人追逐打闹	□身体辅助 □语言辅助 □手势提示 □示范 □视觉提示	2		
	主动或在他人发起游戏时，与他人进行合作游戏	□身体辅助 □语言辅助 □手势提示 ■示范 □视觉提示	1		
生活活动	有需求时知道报告教师	□身体辅助 ■语言辅助 □手势提示 □示范 □视觉提示	1	13	65.00%
	知道根据身体状态自主喝水、增减衣物等	■身体辅助 □语言辅助 □手势提示 □示范 □视觉提示	1		
	在指定的区域换鞋	■身体辅助 □语言辅助 □手势提示 □示范 □视觉提示	1		
	自行完成换鞋	□身体辅助 □语言辅助 □手势提示 □示范 □视觉提示	2		
	换鞋后将换出的鞋子和所坐的凳子归位	■身体辅助 □语言辅助 □手势提示 □示范 □视觉提示	1		
	从自己的书包中拿出干净的衣服	□身体辅助 □语言辅助 □手势提示 □示范 □视觉提示	2		
	脱下汗湿的衣服	■身体辅助 □语言辅助 □手势提示 □示范 □视觉提示	1		
	穿上干净的衣服	■身体辅助 □语言辅助 □手势提示 □示范 □视觉提示	1		

续表

融合情景	环境对行为的期待	儿童实际行为表现	得分	原始分	适应程度
生活活动	把汗湿的衣服用袋子装好放回书包里	□身体辅助　□语言辅助　□手势提示 □示范　□视觉提示	2		
	把书包整齐放回书包柜	□身体辅助　□语言辅助　■手势提示 □示范　□视觉提示	1		
离园	把水杯、鞋子放进书包	□身体辅助　■语言辅助　□手势提示 □示范　□视觉提示	1	3	50.00%
	背好书包	■身体辅助　□语言辅助　□手势提示 □示范　□视觉提示	1		
	跟教师和同伴说再见	□身体辅助　□语言辅助　□手势提示 ■示范　□视觉提示	1		
总计				69	63.89%

三、分析评估数据，完成个别化融合教育计划

评估结束后，需要对儿童的所有评估数据进行整理和分析，依据数据分析结果制订个别化融合教育计划。在上述案例中，张老师对小易进行了 VB-MAPP、PEO 评估、学龄前孤独症儿童融合适应性观察评估这三个评估项目，因此，在分析儿童评估数据时，需要综合分析这三项评估的结果。通过分析 VB-MAPP 里程碑评估结果，可以得出小易在七大领域的实际发展年龄；通过 VB-MAPP 障碍评

估和转衔评估，可以得出影响小易学习和转衔的障碍在哪里；通过分析 PEO 评估结果，可以发现小易的优势所在；通过分析学龄前孤独症儿童融合适应性观察评估结果，可以全面了解小易在融合教育活动中的具体活动困难。将分析结果写入“学龄前孤独症儿童个别化融合教育基本资料”表格中，如表 3-5 所示。

表 3-5 学龄前孤独症儿童个别化融合教育基本资料

儿童姓名	小易	性别	男	出生日期	2016.12.6	障碍类型	ASD
班级	雨点班			入班日期	2020.9.1		
辅助老师	张老师			家长	爸爸（联系电话：139××××××××）		
评估结果摘要							
能力项目	**现状描述**						
认知能力	实际发展相当于 43 个月的儿童，轻度落后。 该儿童认识大部分生活用品、交通工具、水果、蔬菜、电器、玩具等类别的物品名称，并能理解这些物品的功能，但不理解物品的类别。						
语言能力	实际发展相当于 38 个月的儿童，轻度落后。语言表达发展优于语言理解。 该儿童能够理解大部分日常语言，并且基本能够准确表达自己的需求，但在理解较长句子的语言或指令时有困难（如两个或三个步骤的指令）。						
精细动作	实际发展相当于 50 个月的儿童，与同龄儿童相当。						
大运动	实际发展相当于 50 个月的儿童，与同龄儿童相当。						
模仿能力	实际发展相当于 47 个月的儿童，与同龄儿童相当。						

续表

能力项目	现状描述
社交能力	实际发展相当于30个月的儿童，中度落后。 该儿童对与人互动有兴趣，但是在与同伴互动过程中，回应同伴困难，缺乏邀请同伴一起玩耍的主动性，假想性游戏技能缺乏。
自理能力	实际发展相当于38个月的儿童，中度落后。 该儿童使用餐具（勺子等）姿势不正确，导致进食时食物容易洒落。能进行简单动作的漱口，需要成人协助才能仔细刷牙。需要成人协助才能完成穿、脱衣服的动作。
问题行为	该儿童无明显问题行为。
优势与活动困难	
优势	活动困难
1. 混龄班，有利于进行同伴引导。 2. 蒙氏特色教学有利于对小易进行个别化指导。 3. 半天机构康复，有助于系统地进行技能强化。	1. 自理能力落后，在融合环境中的自理活动容易出现困难。 2. 社交技能缺乏，不利于小易在融合环境中跟同伴相处。 3. 注意力持续时间不够长，在集体活动中维持注意力困难。

分析出儿童的能力发展、优势和活动困难之后，就可以参考儿童能力发展阶梯和融合教育环境对儿童行为的期待来拟定儿童的个别化融合教育目标。个别化融合教育目标应包含能力目标和融合适应性行为目标。每一个目标的书写应尽可能详细、具体，做到可操作、可衡量。

根据小易评估结果分析，拟定个别化融合教育目标，如表 3-6 所示。

表 3-6　学龄前孤独症儿童个别化融合教育目标

儿童姓名：小易　　性别：男　　出生日期：2016.12.6
使用期限：2020.9.6—2021.1.30　　IEP 制订人员：张老师、蓝老师、爸爸
主管审核：李主管

范畴	次范畴	学习重点	目标内容	成功标准	目标实施情况记录		
					开始时间	完成时间	备注
认知	知觉	知觉觉醒及知觉辨别	能自行听声音识别卡片 10 组	90%			
			能自行凭触觉取出相应的物品 8 种，如杯子、积木、车等	90%			
	分类	物件类别及类名词	能自行将物品按类别进行分类（包括 3 种：水果类、交通工具类、动物类）	90%			
	数数	学习数数	能自行完成数字与数量的配对（1 ～ 10）	80%			
语言理解及表达	指令理解	集体指令	能自行执行一步集体指令：集合、排队、换鞋、举手、起立、坐下、搬椅子、收玩具	80%			
	句子理解	回答问句	能自行回答关于“什么”的问句	80%			
			能自行回答关于“谁”的问句	80%			
			能自行回答关于“哪里”的问句	80%			

续表

范畴	次范畴	学习重点	目标内容	成功标准	目标实施情况记录		
					开始时间	完成时间	备注
语言理解及表达	语言表达	表达需求	能自行表达如厕需求，如“我要上厕所”	75%			
			能自行表达进餐需求，如“我还要吃……”“我不吃了”	75%			
		询问信息	能自行运用“这是什么？”的提问	75%			
			能自行运用“去哪里？”的提问	75%			
精细动作	基础能力	基本操作物件的能力	能自行撕开贴在纸上的双面胶（白色面）	80%			
		手眼协调	能自行用勺子将乒乓球舀起放到指定位置	80%			
		双手配合运用	能自行对折小毛巾	80%			
	精细操作技巧	使用文具及操作用品	能模仿大人将胶泥搓成简单的形状，如棒棒糖、饺子等	80%			
视觉模仿	模仿意识	对别人言语及行动的兴趣	能自行模仿他人的手势进行活动，如把球放在框里、停止和开始	75%			
	模仿声音	模仿发声	能自行模仿唱简单的儿歌	75%			
情感与社交	自我认识	自我意识	在和别人对话时，能主动看向沟通者（人物泛化）	75%			

续表

范畴	次范畴	学习重点	目标内容	成功标准	目标实施情况记录		
					开始时间	完成时间	备注
情感与社交	与人交往的动机	与同伴发展互动关系	与同伴游戏时，观察并模仿同伴的玩法	75%			
			主动跟同伴进行简单的交谈，如说出自己喜欢的玩具	75%			
			主动给同伴展示或者交换个人物品	75%			
	游戏技能	与同伴进行游戏	与同伴进行简单的合作游戏，如搭积木、拼图	75%			
		遵守游戏规则	在成人的语言提示下，能遵守简单的游戏规则	75%			
生活自理	基础技能	进食技能	能自行把饮料从小水壶里倒出，并且不洒出来	90%			
			能自行用夹子夹取大块的食物，并准确放到碗里	90%			
		穿、脱衣物的技能	能自行脱下外套	75%			
			能自行穿上裤子	75%			
	进阶技能	家居处理及使用社区设备	能在活动结束后将自己的物品归于原位	80%			
大运动	地上活动能力	滚动	能独立从仰卧转换到侧滚，完成滚向不同方向的目标	80%			
	进阶移动能力	跨步	能自行跨过与膝盖一样高的横栏	80%			

续表

范畴	次范畴	学习重点	目标内容	成功标准	目标实施情况记录		
					开始时间	完成时间	备注
大运动	操作性活动技能	敲	能自行垂直挥动球拍敲中垂吊着的网球	80%			
		踢	能自行踢塑料球到1.83米远、76厘米宽的目标	80%			
		接	能自行用双手手臂接住从1.52米远的位置抛到胸前的沙滩球	80%			
适应性行为	入园	社交礼仪	见到教师主动向教师鞠躬问好	90%			
	晨间活动	物品归位	参照其他同伴的书包摆放的位置，把自己的书包整齐放好	90%			
			器械活动结束时，主动将游戏器械整齐归位	90%			
	进餐	排队规范	排队时保持姿势端正	80%			
			排队时根据队伍的行进速度往前走，不推搡同伴，不插队	80%			
	区域活动	理解环境规范	理解不同区域的功能，不将教玩具带离该区域	90%			
			理解结束的概念，当音乐响起时能结束活动并将教玩具归位	90%			
		自我管理	能根据自己的喜好选择工作内容	80%			

责任教师：　　　　家长：　　　　日期：

第四节
学龄前孤独症儿童个别化融合教育计划的实施

个别化融合教育计划的实施是学龄前孤独症儿童融合教育模式中的“D（实施）”。个别化融合教育计划制订的最终目的就是实施。学龄前孤独症儿童个别化融合教育计划的实施环境是幼儿园。因此，个别化融合教育计划的实施要融入幼儿园的一日流程中，充分利用幼儿园的资源，给予学龄前孤独症儿童适当的支持。个别化融合教育计划的实施没有固定的方式和途径，任何能够帮助学龄前孤独症儿童达成个别化融合教育目标的教学方法都可以使用。本小节将通过案例描述的方式，介绍三种有效的学龄前孤独症儿童个别化融合教育计划的实施方法。

一、情景教学

情景教学指的是在幼儿园的自然活动情景中对学龄前孤独症儿童实施个别化融合教育。关于儿童的社交沟通、进餐技能、如厕技能、同伴互动技能等个别化融合教育目标，就比较适合在自然活动情景中进行教学。

以小易的教学案例为例。在小易的个别化融合教育计划中，有几个关于进餐活动的目标，如表 3-7 所示。

表 3-7 小易的进餐活动目标

范畴	次范畴	学习重点	目标内容	成功标准	目标实施情况记录		
					开始时间	完成时间	备注
语言理解及表达	语言表达	表达需求	能自行表达进餐需求，如“我还要吃……”“我不吃了”	75%			
生活自理	基础技能	进食技能	能自行把饮料从小水壶里倒出，并且不洒出来	90%			
			能自行用夹子夹取大块的食物，并准确放到碗里	90%			

小易每天上午在某幼儿园雨点班进行半天融合。每天上午，小易会在幼儿园参加两次进餐活动：早餐和午餐。针对表 3-7 中小易的个别化融合教育目标，雨点班的蓝老师在每次进餐活动的时候会有意识地给予小易辅助和引导。比如，每当蓝老师看到小易碗里的食物被吃完时，会主动询问小易：“小易，你还要再吃一点吗？”同时，引导小易用“我还要吃……”或“我不吃了”回应教师的提问。当小易取餐时，蓝老师会示范夹子的正确抓握方式，并引导小易模仿使用夹子。当小易倒饮料时，蓝老师会进行语言提醒：“先把杯子

和水壶碰碰嘴，再倒饮料。”蓝老师会根据小易的表现改变提示和辅助的方式。通过在每一次的进餐活动中练习，逐渐帮助小易掌握表 3-7 中的表达需求和进食技能。如图 3-4-1 所示。

图 3-4-1　情景教学示例

二、同伴教学

在融合教育环境中，同伴是非常重要的教学环境资源。适当地使用同伴教学，能够帮助学龄前孤独症儿童更快地适应融合教育环境。此外，同伴还是教师实施个别化融合教育计划的好帮手。

在小易的个别化融合教育计划中，有一个关于听从集体指令的目标。如能自行执行一步集体指令：集合、排队、换鞋、举手、起立、坐下、搬椅子、收玩具（80%）。其中，“一步集体指令”是指教师每次发指令的时候就是一个动作。“80%”指教师发 10 次某指令，孩子有 8 次能够执行该指令，表示孩子达成了“集体指令”的个别化融合教育目标。

小易的“集体指令”的个别化融合教育目标，几乎在幼儿园的所有活动流程中都能够进行教学和练习。但是，蓝老师在发出集体指令的时候，需要关注到全班所有的小朋友，很难对小易进行个别化指导。这就导致教师发出集体指令时小易不能够做出回应，错过了学习的机会。针对这一问题，蓝老师想到了同伴教学的方法。

小易所在的雨点班是混龄班。班上大班组的孩子对幼儿园的流程和规则都已经很熟悉，并且大班组的孩子都很喜欢帮助小班组的弟弟妹妹。为了给小易提供更多的学习机会，蓝老师给小易安排了一个姐姐。姐姐负责在半日活动流程中照顾小易，并且给小易做示范。每一次蓝老师发出集体指令，姐姐都会牵着小易的手，并给小易示范要怎么做。小易在姐姐的带领下，逐渐理解了教师发出的不同集体指令的含义。如图 3-4-2 所示。

图 3-4-2　同伴教学示例

三、教学调整

教学调整指的是为了实现学龄前孤独症儿童个别化融合教育目标，而在教学活动设计上进行有针对性的调整，包括教学目标的调整和教学策略的预设。如表 3-8 所示。

表 3-8 学龄前孤独症儿童个别化融合教育教学调整

儿童姓名：小易	融合班级：雨点班	任教老师：蓝老师
活动名称	音乐活动：跳舞的树叶	
项目	**普通儿童教学设计**	**个别化教学调整**
活动目标	1. 学会演唱歌曲。 2. 理解歌词，并探索用动作表演歌曲。（重难点） 3. 积极参与音乐游戏，体验表演带来的乐趣。	能自行模仿唱儿歌《跳舞的树叶》。 对应 IEP 目标：能自行模仿唱简单的儿歌（75%）。
活动准备	经验准备：能理解和演唱简单的儿歌。 材料准备：《跳舞的树叶》动画视频。	
活动过程	一、倾听歌曲、熟悉旋律 1. 教师：你听到了什么？ 2. 教师：你觉得小树叶在做什么？ 二、理解歌词、学唱歌曲 1. 教师播放《跳舞的树叶》动画视频，引导儿童通过动画完整地感受歌曲。 2. 教师：你看到了什么？听到了什么？ 3. 教师引导儿童把歌词完整地说出来。 4. 再播放一遍动画，加强儿童对歌词的理解。 5. 一起学唱《跳舞的树叶》。 三、用肢体动作表演歌曲 1. 教师：如果你是一片树叶，你会怎么跳舞？ 2. 在歌曲伴奏下，引导儿童用自己的肢体动作表演歌曲。 四、展示表演 邀请个别儿童上台表演自己的动作。	复习回答问句：能自行回答关于“什么”的问句。 教学策略调整：增加视觉提示（教师指向动画中的树叶，问“你看到了什么？”）。 新目标学习：能自行模仿唱儿歌《跳舞的树叶》。 教学策略调整：增加同伴教学（请姐姐坐在小易旁边，大声清晰地教唱）。

续表

项目	普通儿童教学设计	个别化教学调整
活动反思	活动过程中，小易对动画视频很感兴趣，能够模仿动画视频中的动作并跟唱。在学习唱儿歌的过程中，同伴教学策略对小易的学习有很大帮助，在姐姐的示范引导下，小易能够大致跟随唱出歌曲旋律，但歌词还不正确，仍需要更多的练习。	

上述案例体现的是幼儿园教师针对班级中接受融合教育的学龄前孤独症儿童，在教学设计中进行的个别化教学调整。案例中，“普通儿童教学设计”一栏是针对班级中普通儿童的教学内容。但是，由于小易的模仿和想象能力的发展落后于班级内的普通儿童，如果在教学中使用同样的教学目标“学会演唱歌曲”和“理解歌词，并探索用动作表演歌曲”，对小易来说比较困难。因此，在教学中就需要针对小易的实际发展能力，结合小易的个别化融合教育目标进行调整。在小易的个别化融合教育目标中，有相关的目标：“能自行模仿唱简单的儿歌（75%）”。因此，教师在教学过程中可以根据上述目标，对小易的教学目标进行调整。同时，在活动过程的设计中，教师根据教学活动设计，结合教学目标，可以提前预设好所使用的教学策略，如在小易的新目标“能自行模仿唱儿歌《跳舞的树叶》”中，教师预设了使用同伴教学的策略，来帮助小易达成学习目标。

总之，学龄前孤独症儿童个别化融合教育计划的实施没有固定的方式和途径，也不是用某一种特定的方法就能够帮助学龄前孤独症儿童达成目标。学龄前孤独症儿童个别化融合教育计划的实施，需要根据不同的融合环境，结合学龄前孤独症儿童的优势和特定的教育目标灵活地选择康复技术和实施方法。

参考文献

[1] 林盈盈，黄勤，秦荣飞. 从眼中的世界到现实的世界：孤独症儿童视觉教学策略 [M]. 南宁：广西教育出版社，2020.

[2] 格林伯格，米勒. 儿童早期融合教育实用指导 [M]. 苏雪云，吴择效，译. 上海：上海人民出版社，2018.

[3] 薛烨，朱家雄，等. 生态学视野下的学前教育 [M]. 上海：华东师范大学出版社，2007.

[4] 毛荣建，刘颂，孙颖. 特殊幼儿学前融合教育 [M]. 北京：知识产权出版社，2019.

[5] 上海游语教育科技有限公司. 融合教育实践指南：影子老师操作手册 [M]. 上海：上海交通大学出版社，2018.

[6] 雷江华，刘慧丽. 学前融合教育 [M]. 北京：北京大学出版社，2015.

[7] 桑德尔，施瓦茨，等. 学前特殊需要儿童融合教育实用

手册：第二版［M］．王燕华，曾松添，赵红梅，等译．北京：北京大学出版社，2018.

［8］胡晓毅，刘艳虹．学龄孤独症儿童教育评估指南［M］．北京：北京师范大学出版社，2017.

［9］王国光．孤独症儿童的幼儿园融合教育［M］．北京：中国妇女出版社，2018.

［10］甄岳来，李忠忱．孤独症社会融合教育［M］．北京：中国妇女出版社，2010.

［11］李丹．孤独症康复教育机构管理人员培训教材［M］．北京：求真出版社，2015.

致　谢

“学龄前孤独症儿童融合教育指导丛书”（以下简称“丛书”）是基于广西壮族自治区残疾人康复研究中心孤独症儿童康复团队多年的学龄前孤独症儿童融合教育实践经验而创作的成果，凝聚了团队多年的心血。

《学龄前孤独症儿童融合教育模式》是丛书的第一种，是团队在长期的学龄前孤独症儿童融合教育实践中探索出的一套对学龄前孤独症儿童融合教育的开展有实践指导意义的融合教育模式。本书的撰写获得了许多孤独症儿童家庭的支持。书中的案例均来源于团队实际服务过的孤独症儿童。在团队做学龄前孤独症儿童融合教育模式的探索和研究时，许多孤独症儿童的家长给予了完全的信任与支持。正是有了这些孤独症儿童家庭的信任与支持，团队的研究才得以顺利开展，本书才有了生动的案例。

学龄前孤独症儿童融合教育的开展，离不开融合教育环境的支持。我们与广西壮族自治区直属机关第二幼儿园（以下简称“广西二幼”）进行合作。广西二幼为我们提供了开放、包容的融合教育环境，给予了学龄前孤独症儿童非常宝贵的融合教育的机会。

广西二幼最开始提供了接纳学龄前孤独症儿童的融合环境，现在主动参与对学龄前孤独症儿童的融合教育支持，与我们团队的辅助教师积极探讨学龄前孤独症儿童融合教育支持策略。广西二幼的领导及全体教师的鼎力支持，促进了我们团队学龄前孤独症儿童融合教育技术的提升。通过合作开展学龄前孤独症儿童融合教育，广西二幼和我们团队实现了双向的成长。

本书的出版还获得了广西壮族自治区残疾人联合会的大力支持。正是在广西壮族自治区残疾人联合会的领导和鼓励下，本书才得以顺利从实践经验转化成专业著作，结成专业硕果。

牛顿曾经说过：“如果说我看得比别人更远些，那是因为我站在巨人的肩膀上。”本书在撰写过程中参考了大量的孤独症儿童融合教育相关文献、专著。感谢学者们的研究成果，给予我们“站在巨人的肩膀上”探索学龄前孤独症儿童融合教育的基础。

最后，诚挚感谢广西教育出版社编辑团队为本书的顺利出版付出的辛勤劳动。

饮水思源，谨以此文感谢所有给予编者团队支持与帮助的人。

主编　黄勤

2022 年 1 月